宗喀巴大師應化因緣集

修慧法師 審訂

眾生在六道輪迴的苦海中，受盡千生萬苦，
自己無法了脫苦輪，唯一能夠救拔眾生痛苦的，
就是我們的三界大導師——釋迦牟尼佛陀。

宗喀巴大師法相讚

釋尊大法，策源月邦，派分三幹，化各一方，
錫蘭支那，爰及西藏。蓮華生後，密咒當陽，
律像經教，若存若亡，末流猥雜，染風孔張。
大師崛起，濁激清揚，菩提之道，次第宣鬯，
下中上士，胥歸金剛，根深枝茂，德隆譽芳。
此土禪淨，今亦淪荒，扶戒研理，救之不遑。
唯師與我，志趣相當，千年萬里，不隔毫芒。
我行未逮，我心正長，瓣香先覺，景仰無量。

支那釋子太虛敬禮

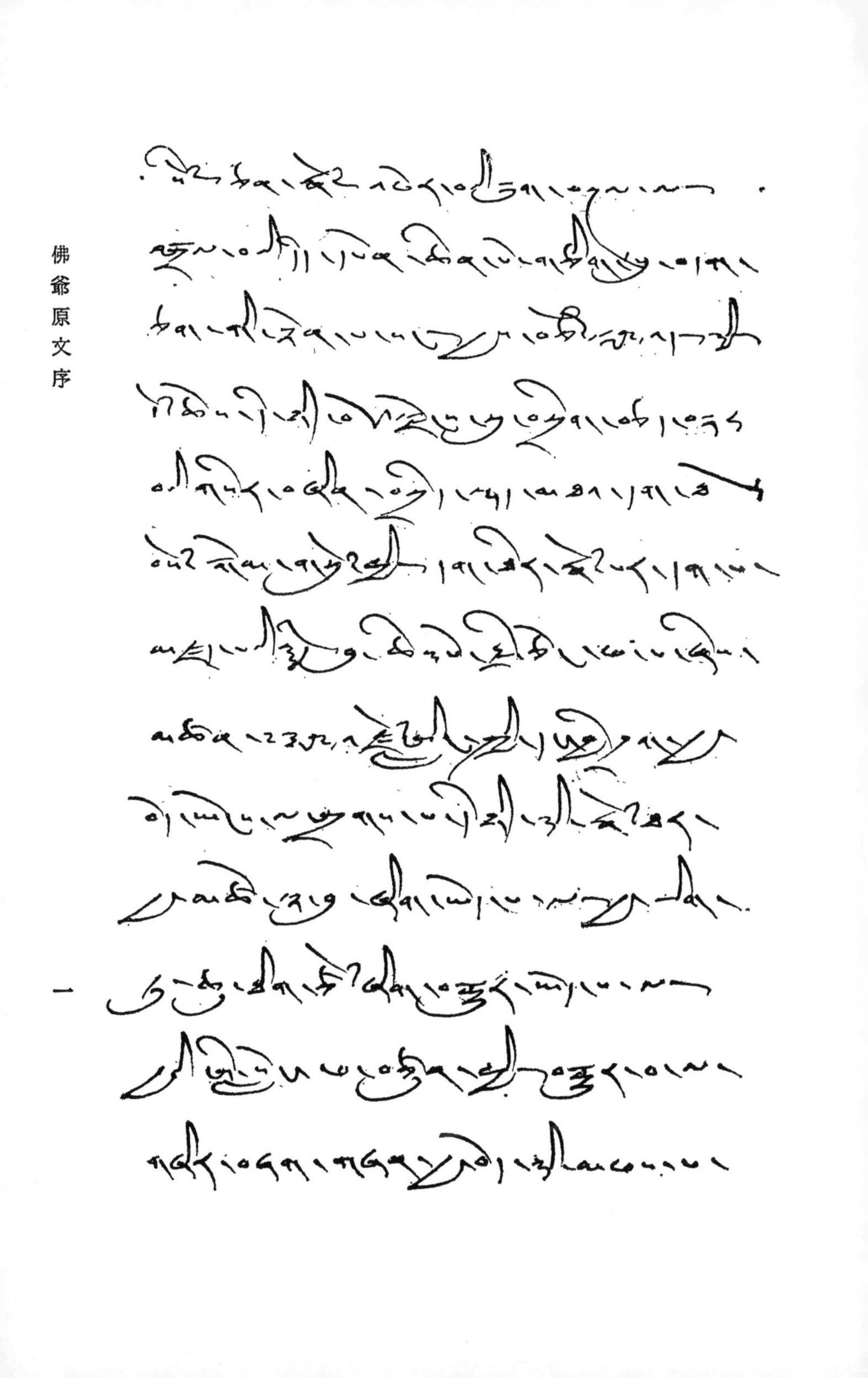

[illegible]

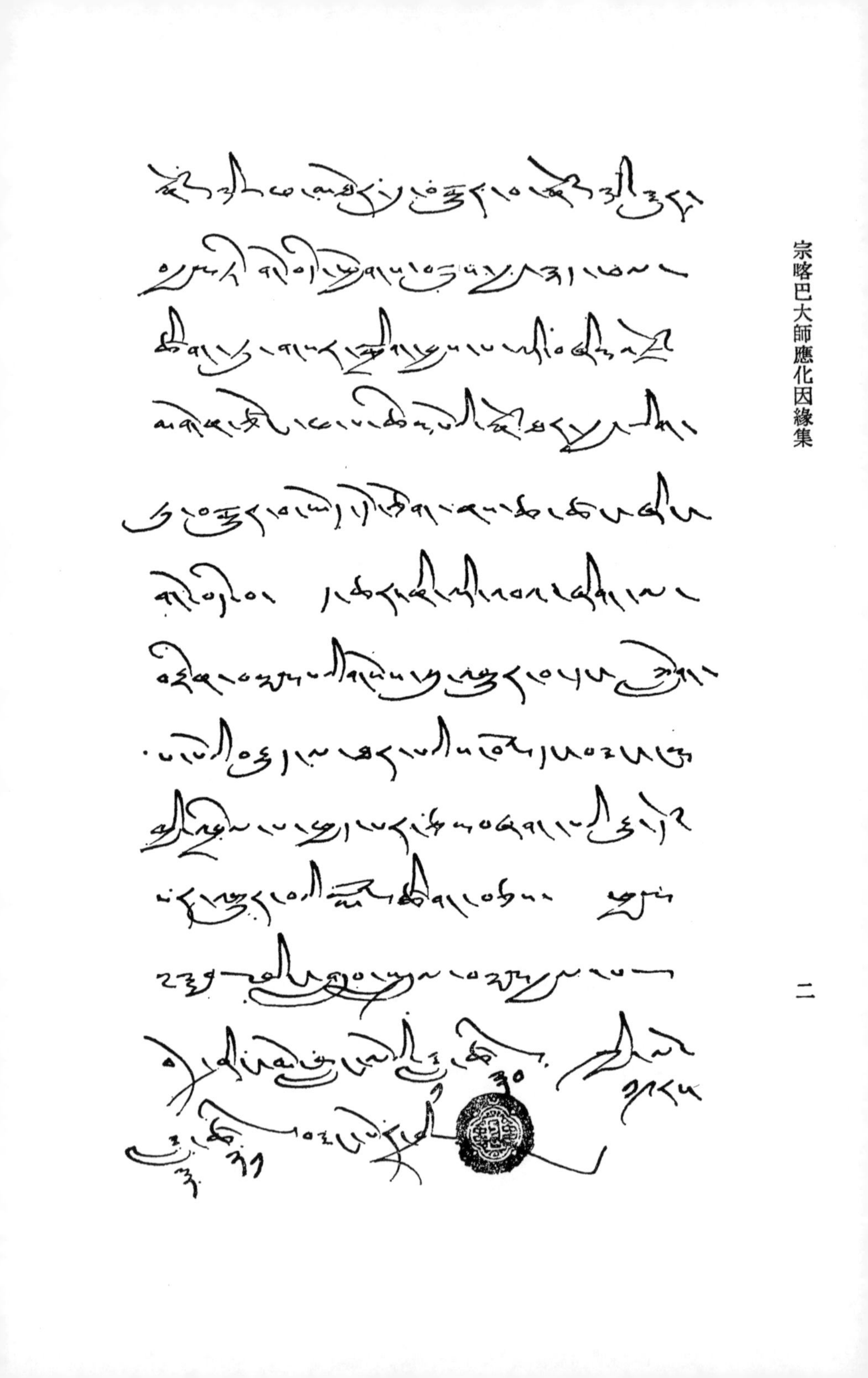

佛爺序

(譯自藏文原序)

衆生在六道輪迴的苦海中，受盡千生萬苦，自己無法了脫苦輪，唯一能夠救拔衆生痛苦的，就是我們的三界大導師——釋迦牟尼佛陀。佛陀的教法，在西藏好像是純金經過剪、磨、煉一樣，一點也不會有錯誤。

在西藏顯密佛法的傳承中，所有不正確之處，能夠用聞、思、修三慧去整理，而成爲完整佛法，唯一的就是宗喀巴大師。因此，他創立格魯巴的名聞，偏滿於全世界，特別是西藏和中國，均以宗喀巴大師的格魯巴——黃敎密宗爲主。

宗喀巴大師的傳記，在藏文裏有好像大海那樣的多，而在中文的翻譯裏，却如一滴水似的，少之又少。

修慧法師編著這部「宗喀巴大師應化因緣集」，是以法尊法師的譯本爲主，並以西藏和中國所有學問最好的譯著，做爲重要的參考資料，而重新編成的。

中文的宗喀巴大師史傳，從以前到現在爲止，較爲完整的，唯有這一部書。而且本書是用白話文寫成的，大家都很容易明白，以此可做爲發揚格魯巴——黃敎密法的基礎。希望讀者閱讀這部史傳之後，心懷中都能夠種下有成就的種子。也因此，可能結下的有善惡之緣。

藏曆陰木牛年正月三十日，西元一九八五年三月二十一吉祥圓滿日

西藏大神通轉世佛爺（丹吉）序於臺北

宗喀巴大師應化因緣集　目錄

四、爲弘聖教　博學多聞

十三、成熟有情　廣作福業

十四、根本道場　建三大寺

十九、格魯黃教　偏布十方

宗喀巴大師應化因緣集

釋修慧編述

一、文殊示現　聖宗喀巴

(一) 應運示現

宗喀巴(Tsong-kha-pa)大師悲願之深、人格之偉大，和對佛教之種種貢獻，是近代人無法相提並論的。但一般人僅僅認爲大師只是佛教的大修行者，佛學的大集成者，和歷史上一些有名的佛學家沒有兩樣。實際上，宗喀巴大師異於一般人，他是至尊文殊師利菩薩的化身，早在無量劫以前就已成佛了。

由於當時西藏顯密教法都很衰微，除了少數大德以外，其他修行的人，根本不知道戒律是什麼；雖然有少部分的人研究教理，却不知道一切經典就是學佛的途徑；他們對於因明，誤認是一種辯論術，那裏知道其中還有證解脫和成佛的道果；對於密法，只知亂受灌頂，藐視基本法，偏修其中某一部分的教授(如偏修大手印、大圓滿等，而且認爲越大越好)，至於應如何親近善知識——師長，如何守護律儀和三昧耶戒，則全不講求。眞實修行的人，已是寥寥無幾了。所以大聖文殊師利菩薩看到這種情形，深生悲愍，爲了住持聖教，饒益衆生，才隨順衆生意樂，示現清淨的出家相——宗喀巴大師。

（二）佛經上的記莂

許多顯密經典中，早已記莂文殊師利菩薩，將在雪山邊地受生。例如文殊根本教王經裏授記說：

「世間我涅槃，地上成虛空，汝現異生像，行諸佛所行。（汝是指文殊師利菩薩）

彼時雪山中，有歡喜蘭若。」

這偈頌的意思，是說佛陀涅槃之後，佛法會慢慢式微。那時文殊師利菩薩將示現凡夫身，在雪山（西藏之別稱）受生，遵照佛陀所教，大行法化。並興建一座佛寺，名叫「歡喜」。如今宗喀巴大師，果眞在西藏振興佛教，興建「歡喜寺」（卽嘎登寺），完全符合經中的記莂。

空行秘密經也授記說：

「文殊師利號賢慧，增廣教法甚希有。」

這裏則明白授記，文殊師利菩薩所示現的凡夫身，他的法號叫賢慧（或譯善慧名稱吉祥），將大力弘揚世尊的教法。宗喀巴大師七歲出家時，頓珠仁欽仁波切給他取的法號，也叫賢慧。大師重振佛教後，使西藏佛教步入正軌，蒸蒸日上，六百多年來，正日益茁壯中。由此即可證明，宗喀巴大師就是大聖文殊師利菩薩的化身。

印度月稱論師，對大明杜鵑論師授記說：

「至尊宗喀巴大師，是大聖文殊師利菩薩所示現的比丘相。他為了救渡衆生，因此隨順衆生的意樂，而受生出家相。你也應該發願往生『雪山邊地』，依止宗喀巴大師，弘揚他的教法。」

又有一次，提婆、佛護、靜天幾位大論師，也現身為大明杜鵑論師授記說：

「在『雪山邊地』中，有至尊宗喀巴文殊師利，在此住持如來的教法。你是大師所應渡化的人，應發願到大師座前，依止大師，修習各種心要。」

大明杜鵑論師，就是後來宗喀巴大師的上首弟子——克主傑尊者。這裏很明白的指出，文殊師利菩薩將在『雪山邊地』，示現出家相，弘揚正法，他的名字叫「宗喀巴」。

克主傑尊者，他前一生出生在印度。有一天，文殊師利菩薩告訴他說：

「邊地衆生因為被無明覆蓋，所以造作種種的罪業，長期在生死苦海中，不停的流轉。我為了幫助他們求得解脫，證一切種智果，因此將隨衆生意樂，示現出家相。你也是我所渡化的人，應該發願往生『雪山邊地』。」

又有一次，彌勒菩薩告訴克主傑說：

「文殊師利菩薩為了弘揚釋迦牟尼佛的教法，使它在南瞻部洲，放出像太陽般的光輝，所以他的化身將出生在此地。這和文殊師利菩薩親來沒有兩樣，你應發願到此地，弘揚他的教法。」

諸如此類的授記，不勝枚舉，恐繁不錄。這一切授記，在在指出，宗喀巴大師是大聖文殊師利菩薩的化身，為了住持如來教法，而在西藏示現出家相。

（三）諸佛之師　三世如來

大聖文殊師利菩薩雖為化導衆生，權現諸佛長子之身，而成因位菩薩。然究其實體，不論過去、現在與未來，都是果上之佛。

據首楞嚴三昧經云：

「過去久遠無量無邊阿僧祇劫，爾時有佛，號龍種上尊王佛。於此世界南方過於千佛國土，國號平等……彼佛壽命四百四十萬歲。爾時平等世界龍種上尊王佛豈異人乎？卽文殊師利法王子是。」

央崛摩羅經云：

「爾時世尊告波斯匿王言：『北方去此過四十二恒河沙刹，有國名常喜，佛名歡喜藏摩尼寶積如來，在世教化……彼如來者豈異人乎？文殊師利卽是彼佛。』」

寶積經云：「此文殊師利成佛之時，名爲普見。」

根據以上諸經所說，大聖文殊師利菩薩，過去世成佛的名號，叫龍種上尊王佛；現在世成佛的名號，叫歡喜藏摩尼寶積佛；未來世成佛的名號，叫普見佛。

又文殊師利菩薩不但三世都是如來，更是三世諸佛之師。如心地觀經云：「三世覺母妙吉祥（指文殊師利菩薩）。」

佛說放鉢經云：

「今我得佛，有三十二相八十種好，威神尊貴，度脫十方一切衆生者，皆文殊師利之恩。前過去無數諸佛，皆是文殊師利弟子。當來者，亦是其威神恩力所致。譬如世間小兒有父母，文殊者佛道中之父母也。」

由此卽足以證明，文殊師利菩薩之化身——宗喀巴大師，於無量劫以前，早已成佛矣！

讚曰：「七佛尊師妙吉祥，深宏大願慈心長；
廣揚聖教顯和密，應運現生作法王。」

二、觀世因緣　降生邊地

（一）雪山邊地降生

西藏，這塊神秘寧靜的土地，聳立在喜馬拉雅山之旁。它是地球心臟的自然堡壘，更是人間的淨土，佛國天堂。

整個西藏，可說是由幾座世界最大的山脈連結起來的。境內層巒聳峙，在雪線以上的高峯，有數百座之多，山上積雪終年不化，一眼望去，整片雪白，因此有「雪國」、「雪山」之稱。佛經上所說的「雪山邊地」，指的就是這裏。

距今六百多年前，西藏的大依怙主宗喀巴大師，就是降生在這塊人口稀少的土地上。地點是青海省西寧附近的宗喀。西寧一帶，藏族自唐代即稱之爲宗喀（tsong-kha），義爲宗水（今之湟水）岸邊。那一帶更大的地方，藏人稱爲宗喀欽布(Tsong-kha chen-po)。西藏人爲了尊崇大師，不敢直呼他的名字，一般稱他爲「宗喀巴」（義爲宗喀人）。

（二）種姓圓滿

大師的家族種姓非常圓滿，自大師降誕以來，上至父族，乃至母族，好幾代行止都無弊端。

父親名叫魯布木格（klu-'bun-dge），是一位心性仁慈，智慧超羣，深心敬仰佛法僧的三寶弟子。由於他深明因果的道理，具足勇健的毅力，所以在很短的時間內，就成就了七種功德財。（七功德財：㈠信財、㈡戒財、㈢捨財、㈣聞財、㈤有愧財、㈥知慚財、㈦慧財。）他每天持誦文殊眞實名經，從無間斷，對於文殊菩薩的種種殊勝功德，也有無比的信敬與歡喜心。

母親名叫阿却（a-ckos），是一位聲譽圓滿，懿德昭著的佛門弟子。她心地善良，和藹賢淑，沒有嫉妒慳吝的心，也沒有女人一切的過失。對於無依無靠的人，自然會生出無量的悲愍心，每次總是盡其最大的力量去安慰他們，救助他們。她每天恒常不懈的禮佛、繞佛、持誦觀音六字大明咒，積極攝集身、口、意三種清淨善業。

大師有六個兄弟，他排行第四。親戚鄉里的人口相當旺盛，大約有一千多人。族人全部信仰佛法，就是發心出家的人，也屢見不鮮。

（三）父親的夢兆

在我國元順帝至正十六年（歲次丙申，一三五六）年底的一個夜晚，大師的父親跟往常一樣，誦完了文殊眞實名經，很安樂的躺在床上。不久，他在夢中，很清楚的見到一位出家人，慢慢的走向家中來。這位出家人，法相非常莊嚴，法衣上圍着一串很漂亮的花環，裙子很特別，是用叨利形樹葉編成的，看起來有點像黃絹。後面背着一堆沉甸甸的佛經，說是來自中國山西五臺山，想在這裏借住一晚。說完，逕自轉身上樓，走進佛堂。

次日醒來之後，他自忖道：

「五臺山是文殊師利菩薩的根本道場，而夢中這位出家人正來自五臺山。莫非這是菩薩授記，告訴我將生下一個具足殊勝智慧的兒子？」

雖然這個夢很奇特，但是大師的父親並沒有把它放在心上，也沒有把這個夢兆告訴別人。他仍然跟過去一樣，每天很虔誠的誦經，很精進的積集各種資糧。這樣過了沒多久，大師的父親又做了一個夢。

睡夢中，他忽然看到一支非常明亮的金剛杵，從空中緩緩而降，最後投入夫人的腹中。這支金剛杵，說是金剛手菩薩，從緣葉國土中拋擲出來的。

夢醒之後，大師的父親感到又驚又喜，心想：

「金剛手菩薩具足大勢力，能降伏各種邪魔。他是三世諸佛力量的具體表現。莫非這又是菩薩授記，說我將生下一個具足大勢力的兒子？」

(四) 母親的夢兆

同樣在丙申年的年底，大師的母親也做了一個夢。

睡夢中，她和成千上萬的女孩，圍坐在一片佈滿各色妙花的草原上。突然間，東方出現一位白色童子（觀音菩薩的化身），手裏提着淨瓶。西方出現一位紅色童女（度母的化身），右手拿着孔雀翎，左手拿着一面大明鏡。

童子指着其中一位女孩，問童女說：

「這一個可以嗎？」

童女搖着頭，指出一種過失回答他。童子又指着另外指一位女孩問道：

「那麼，這一個可以嗎？」

童女還是搖着頭，也指出一種過失回答他。童子像這樣不停的一個又一個的指着女孩問道，這一個可以嗎這一個可以嗎，但童女每次都搖着頭，並各指出一種過失回答他。

最後童子指着大師的母親，問道：「這一個可以嗎？」

這時童女才面露喜色，很高興的回答道：「這一個可以！」

「那你應當沐浴！」

童子一邊告訴大師的母親，一邊倒出淨瓶裏的水，洒在她的頭上。同時口中不斷的誦着浴佛偈。

翌日，大師的母親醒來之後，身心感到無比的輕安，有一股說不上來的喜悅，不斷的從心中流出。

（五）鄰人的夢兆

這一段日子，村裏的人，大約都做過像這樣類似的夢：夢中，看到許多相貌非凡的出家人，從拉薩迎回釋迦牟尼佛的佛像（傳聞就是文成公主請到西藏的那尊佛像），安置在大師父親家中的佛堂。

此後，在佛堂的四周，常常出現不平凡的異兆。比如在佛堂的上空，有時顯現出美麗的彩虹；有時天空中，飄落着各種顏色的妙花；有時散發出奇異的妙香；有時天樂、天鼓齊鳴；有時大地震動，東湧西沒，南湧北沒，四周湧中間沒等，並發出無量吼聲。

（六）托胎奇瑞

丁酉年（一三五七）正月初十的晚上，大師的母親又做了一個非常吉祥的夢。

夢中，她看到無量不可思議的僧俗男女，有的手中拿着幢幡，有的演奏着伎樂，有的端着殊妙的供品，集聚在一個廣場上，很虔誠的說：

「恭迎觀世音菩薩！」

她很好奇的看了一下四周，並沒有發現到什麼，心中感到很詫異。隨後抬頭仰視天空，望見雲中有高大如山的金色佛身，光明如日，徧照一切大地。口中還宣說種種的法音。佛身四面圍繞着許許多多的天子和天女，有如衆星拱月，顯得非常莊嚴圓滿。不久，金色的佛身慢慢縮小，最後降入到她的身中。天子天女，以及迎接的人，也化爲一道光芒隨着進入。這時，各種梵唄誦讚聲，仍不絕於耳。

大師的母親醒來，把夢相一五一十的告訴大師的父親。大師的父親說：

「這是一個吉祥的夢兆，表示你將生下一個具足無量悲心的孩子。他將住持如來正法，摧壞邪魔幢，饒益無邊的衆生。」

大師的母親自從做了這個夢以後，就和一般女人不一樣。她每天過着清淨梵行的生活，沒有煩惱，沒有貪慾，更沒有嫉妬和慳吝的心生起來。她不喜歡喧鬧的地方，每天只喜歡在幽靜的佛堂禮佛、誦持六字大明咒。

（七）降誕紀異

日子一天一天的過去，大師的母親十月懷胎漸漸滿足。在元順帝至正十七年（歲次丁酉，一三五七），十月二十五日那天晚上，四周萬籟俱寂，大師的母親舒適平和的躺在床上。她在曚矓的睡夢中，忽然見到許許多多的出家人，手裏拿着各種不同的法器和供品，慢慢的走進家中來。問道：

「請問，佛堂在那裏呀？」

先前見過的白色童子，手中拎着一把水晶鑰匙，在旁邊回答說：

「佛堂在這裏！」

童子一邊說，一邊用鑰匙在大師母親的胸口上，打開一片小小的黃色門，請出以前放進去的金色佛像。

佛像有點灰塵，先前見過的童女，馬上倒出瓶水，用孔雀翎很小心的擦拭。擦乾淨以後，以清淨悅耳的聲音，作種種的讚嘆。前來供養的出家人，有的在旁邊殷重至誠的祈禱，有的在佛像的前面頂禮，有的持誦佛號不停的繞佛。

大師的母親醒來不久，就安然誕生了大師，剛降誕的大師，顯得非常安詳。這時，東方已現魚肚白，金星正高掛在天空，閃閃晃耀。這好比蘊涵着，將來大師掃除衆生的無明，就像太陽光芒劃破沉寂的黑夜一樣。

（八）古本栴檀

大師出生後，大師的母親將胎衣埋在土裏。埋胎衣的地方，後來長出一棵白色的栴檀樹（見封面圖），枝葉繁茂，共有十萬片之多。這棵樹的葉子非常特別，每片葉子的脈網自然形成獅子吼佛的聖像，或文殊五字明的字樣。衆人見胎衣生出新樹，已是驚奇萬分，後來見此樹的葉子，現出聖像和陀羅尼，更是感到不可思議，遂稱此樹爲「古本 kumbum 栴檀」（古本的意思，卽十萬尊佛像）。

後人爲了追念大師的功德，和想植善根種最佳福田，於是在樹旁建塔造寺，並以「古本」爲寺名。這座寺，就是如今黃敎六大叢林之一，名震海內外的塔爾寺。

（九）圓滿相好

村裏的人聽說大師誕生了，都發出驚喜心，爭先恐後的聚集在大師出生的房間。這時，每個人都目不轉睛的端詳着相好圓滿的大師。

大師的面容非常尊嚴，周身充滿光耀，猶如琉璃一般。他有着明淨廣長的眼睛，潔白細滑的肌膚，修直高挺的鼻樑，紅潤豐盈的嘴唇，長垂相好的耳珠，開廣平整的前額，圓如寶蓋的頭頂，以及渾圓不見筋骨的四肢。整個相貌看起來，就像秋空圓滿的月亮，池中清淨的蓮花。

在場的人越看越喜歡，就是煩躁不安的人，一時也生起安穩寂靜的心來。

（十）頓珠仁欽仁波切特來慶賀

頓珠仁欽 (Don-grud rin-chen, 1309-?，義譯爲義成寶）仁波切，是修「大威德」獲得成就的大師。他曾經兩次進藏，從大喇嘛布頓仁欽珠(Bu-ston rin-chen grub, 1290-1364) 等善知識修學佛法，不論是顯教或是密法，都學到最究竟位。回來後，在當地創建甲瓊 (bga-khyung dgon-pa, 1349 年建) 和霞章 (sha-sbrang) 兩座寺，親自教導後學。在世時，他時常顯現神通，對有緣的衆生作記莂。其目的在引導衆生入佛知見，或更進一步的令他們得到解脫。

丙申年（一三五六）年底的一個夜晚，本尊大威德金剛（文殊菩薩化身）突然在夢中示現。頓珠仁欽仁波切很歡喜，立即至誠的祈禱本尊，請求常來指導。本尊隨即轉身面向宗喀，說：

「明年此時，我要到這個地方來，於此中間，你可以安樂而住。」

本尊說完就不見了。頓珠仁欽仁波切不明白這個夢兆的眞實意義，於是入三摩地，以神通力觀察未來的種種因緣，才了知夢兆的一切。

於是在宗喀巴大師誕生後的第二天，頓珠仁欽仁波切派遣一位守戒非常清淨的在家弟子，携帶以甘露丸和麵粉做成的食物，以及一尊加持過的大威德金剛佛像，前去慶賀。

讚曰：「悲智摧魔三本尊，化身宗喀衆依門；
義成夢感文殊記，神力觀知湟水村。」

三、國師授記　第二尊佛

（一）噶瑪巴的授記

光陰似箭，轉眼間，大師已長得是一個聰明伶俐、活潑可愛的幼童了。

大師三歲那年，噶瑪巴饒必多傑（Kar-ma-pa rol-pa'l-rdo-rje, 1340–1383，噶瑪巴第四世，生於元順帝至元六年，十九歲晉京，明太祖洪武十六年圓寂，世壽四十四歲）國師因爲元順帝的迎請，從西藏動身前往中國。途經西寧時，大師的父親帶他往謁。噶瑪巴國師看到大師器宇非凡，特別爲他傳授在家五戒，並賜給他法號名叫貢噶寧布（gun-dga' snying-po，慶喜藏）。臨走時授記說：

「此乃聖童，以後將到藏中住持如來正法，饒益無邊衆生。他是第二尊佛。」

後來西藏、蒙古等地的人民，均尊崇宗喀巴大師爲「第二能仁」，正符合噶瑪巴國師的授記。

（二）禮拜上師

宗喀巴大師三歲那年，大師的父親恭請頓珠仁欽仁波切駕臨家中接受供養。不料，仁波切却帶來大批財物，送給大師的父親，並請求將大師送給他。大師的父親知道頓珠仁欽仁波切是大成就者，必能對兒子有所饒益，因此很高興的答應了。

自此以後，一直到十六歲的這幾年間，宗喀巴大師完全依止頓珠仁欽仁波切，學習顯密教法。

大師賦性天聰，超羣拔衆，對於一切沒經過傳授的經典，只要稍微的思索一下，就可讀誦如流，沒有任何滯礙。頓珠仁欽仁波切眼見如此，更加高興，爲了使他智慧早日開發，特別傳授文殊五字明和妙音天女給他修習。

頓珠仁欽仁波切深知大師將來必定得成菩提，當轉無上大法輪，是佛教中的大法王，是一切衆生的大依怙主，所以就像培植藥王樹一樣，一心一意的教導大師。只要是對大師有幫助的，不論是顯是密，全部毫不吝惜的傾囊教授。因此大師在入藏時，聞、思、修三慧資糧，已相當廣備，奠定了廣事修學成功的基礎。

後來大師每想起頓珠仁欽仁波切所賜給的恩德時，往往淚流滿面的說：

「頓珠仁欽金剛上師的恩德最爲深廣，就是父母之慈愛，也只不過如此！」

(三) 出離的誓願

童年的大師，有如一朵世間希有的烏巴拉花。正當許許多多的同伴，興高采烈地逐戲於各種遊樂之時，大師的心，却超乎異常的寧靜，這些嬉戲遊樂，始終吸引不了他。秉性高超、態度莊嚴的大師，似乎寄託在另外一個更高的境界。平日他緘默寡言，靜坐終日，但一說起話來，滔滔不絕，充滿着無邊的智慧。

大師的悲心，有如一口源源不絕的泉水，從心中流出，毫不做作，從無間斷。每遇到或聽到別人有苦難的時候，他的心就像被利刃所傷一樣，感到無限的悲痛。如果是他能力所及的，一定毫不考慮的盡力去幫助；如果超乎他能力範圍的，也都能至誠發願，盡力回向給他們。

大師恭敬三寶，可說是出自天性，跟幼兒哺乳一樣，不必經由別人的指導，自然就懂。

大師在幼年的時候，就對喧嘩的俗務感到無比的厭惡。認爲居家，有如陷身在牢獄、火坑、蛇穴一樣，永遠沒有片刻的安寧。三界中所有的東西，都是無常、苦、空，沒有堅固不壞的，就像閃電一樣，剛剛才出現，隨着又不見了。他面對這種虛幻無常的世間，強烈的出離心不禁油然而生。

他又覺得世間是個痛苦無止盡的地方。衆生因爲被五欲的假象所矇蔽，愈想追求五欲的快樂，就愈墮入痛苦的深淵中。探求其原因，貪愛實是罪惡的本源。如果想遣除痛苦，就必須斷除貪愛。爲了斷除貪愛，則應捨棄暫時的恩愛而出家。十方三世諸佛也都因出家而證得無上菩提。

於是大師一再向父母乞求出家，但都因年紀太小，未能如願。

(四) 修持密法的功德

大師在七歲以前，頓珠仁欽仁波切已經爲他傳授大威德金剛、勝安樂輪、歡喜金剛、金剛手等多種灌頂。並賜給他密號，名叫不空金剛（藏語爲頓悅多傑 don-yod rdo-rje）。灌頂後，大師就能如理遵守密乘的一切戒律。尤其守護三昧耶戒，就像在保護這對眼珠一樣，絲毫不敢觸犯。在很短的時間內，已能把勝樂輪金剛、喜金剛、大威德金剛等秘密儀軌牢記在心，每天修持好幾次，從無間斷過。其他本尊法，也同時進行念誦次第，沒有荒廢。

這時，大師的年紀雖然還很小，但他能夠如理思惟，發大菩提心；修持的時候，又能全神貫注，一心不亂，堅信本尊的力量，懇切的祈禱本尊。所以修習文殊心咒（五字明）沒多久，他所住房間的石板上，有很多地方浮現五字明的字跡，了了分明，宛如手寫一般。

大師滿七歲那年，二臂金剛薩埵就常常在夢中示現。更不可思議的是，三百多年前西藏的大依怙——阿底峽尊者，也一再的現身指導。（後來大師到藏中求學時，特地拜謁尊者像，發現和夢中所見的一模一樣。）或許這就是日後大師發揚尊者教法的前兆吧！

（五）童年出家受戒

由於大師具有甚深的智慧，以致厭離恩愛束縛之心，越來越強烈。同時爲了能眞實利益衆生，令佛法永住世間，於是他不斷的向上師、本尊、三寶祈求，希望出家因緣能早日成熟。

癸卯年（一三六三，大師七歲），大師出家的願望終於達成了。在一個吉祥的日子裏，舉行了莊嚴肅穆的剃度儀式。

大師依止對教理和證悟都有特殊成就的頓珠仁欽仁波切爲親教授，顯密教法都非常善巧的圓努香曲（義譯爲童子菩提）爲阿闍黎，正受出家沙彌十戒。法號叫「賢慧名稱吉祥」（藏語爲羅桑札巴貝 blo-bzang grags-pa dpal）。

大師受沙彌戒以後，不論是性戒或是遮戒，都能小心防護，受持不犯。一切作爲，時時刻刻都能遠離生死恩愛，成爲一個眞正清淨梵行的出家人。

（六）決心廣事修學

如果說，世界上有聞一知百的人，那麼這個人一定非大師莫屬了。大師依止頓珠仁欽仁波切，十多年來，廣事多聞，每一部論都學得非常善巧。但智慧廣大如海的大師，不因此而感到滿足。有一天，他這樣想：

「世尊所教導我們的，不外兩件事。一種是讀誦聞思，另一種是修定斷惑。這兩種，以聞思為首要。

「然而聞思一定要親近善知識。唯有在善知識妥善的指導下，才能沒有錯誤的了解三藏中一切經論。如果遇到意義不明確的地方，必須以諸大論師的正理辨別眞假，而決定正確的見解。也就是說，學習一切經論絕對不能有一絲一毫的錯誤。等到完全了解世尊一代教法之後，再依照它一定的次序，精進修學。

「如果不這樣，而只依自己不正確的見解，隨便歪曲佛經上的意義；或只依佛經上的某一段，乃至某一句話，自以為是的盲修瞎煉。像這樣的修學，怎麼會有成就呢？好比一位對路途不熟的瞎子，想到高山峻嶺的地方，誰都難保他不會有失落懸崖的危險。

「所以說，修學佛法的人，必須在顯密教理完全通達之後，才能修習一切禪定。也只有這樣，才能順利通過自由解脫的大道。

「如果我想繼續廣事修學的話，那麼衞藏勝地應該是最理想的地方。因爲衞藏四周有高大的雪山環繞，氣候較爲調和，四季溫差不太大，所以是求學的最佳環境。此外，更爲重要的是，衞藏乃是佛法最早開發的地方，當初有衆多大菩薩在這裏建立正法，後代大善知識又接着不斷的弘揚，以致到現在，仍然有許多對教理和證悟都極爲善巧的人。這些有利的客觀條件，足以影響一個人的成就。所以我應該離開家鄉，前往衞藏學習更多的經論。

「從宗喀到衞藏，路途相當遙遠，途中又要經過重重阻隔的高山峻嶺，以及無數個封閉的窪地，跋涉非常辛苦。然而，這跟常啼菩薩（薩陀波倫）爲了求法，而歷盡的艱辛比起來，也就不算什麼了。

「常啼菩薩，他爲了尋求眞正的法，餐風飲露，夜宿荒山野外，飽嘗了旅途的困頓和痛苦。有時候，他必須忍受異國之人的嘲笑、辱罵，或詆毀；有時候，甚至須賣身爲奴以圖生活。他又曾爲了記載上師寶貴的教誨，在缺乏筆墨的困境之下，以刀刺傷自己的手臂，以滴滴鮮血寫下了上師的教示。人人都知道，把心挖出來是只有死的，但是他爲了求法，仍舊毅然的把心挖出來。由於他這樣一心精進的求法，突破很多橫逆阻礙，終於得到最高貴、最殊勝的成就。

「常啼菩薩是我最好的榜樣，爲了求得一切正確的教授，我要學習他勇猛精進的精神。那怕是滿地荆棘，刺得我全身是血，乃至骨枯血乾，我不達此願，誓不停止。」

大師想到這裏，心中頓時生起金剛似的無比道心，決定前往衞藏參學。

(七)臨別教授

大師把前往藏地修學佛法的願望，詳詳細細的稟告頓珠仁欽仁波切。仁波切具足神通，知道大師入藏的因緣已經成熟，心中很高興，所以頻頻鼓勵大師。

壬子年（一三七二，大師十六歲），大師如同鵝王游泳蓮池一樣，滿懷無限的喜悅，動身前往衞地。

出發前，頓珠仁欽仁波切問他說：

「賢慧！我現在想傳你一種教法，你需要什麼呢？」

大師回答說：

「我希望仁波切，傳授給我一種對修心最有幫助的教法。」

頓珠仁欽仁波切隨卽入三摩地，以神通力詳加觀察。然後以偈體文，一句一句的開示。大意是告訴他：開始時應該怎樣去遍學一切法門，廣求聞思；然後應該怎樣去依聞思而修學；再次應該怎樣去修法義；最後應該怎樣去成熟有情、住持正法等。大師將這些偈頌全部背熟，並且一一的記載下來。

仁波切所開示修學的程序是這樣的：首先學習彌勒菩薩造的五部論㈠現觀莊嚴論，㈡大乘莊嚴經論，㈢辯中邊論，㈣辨法法性論，㈤寶性論），其次學習法稱論師造的七部因明（㈠釋量論，㈡定量論，㈢正理滴論，㈣因滴論，㈤觀相屬論，㈥成他相續論，㈦諍正理論。釋量論，目前已由「佛教出版社」排印流通，是法稱論師的第一部中文版因明大著，非常珍貴），然後再學習破除斷常邊執的中觀論，最後才學習其他一切顯密教法。

頓珠仁欽仁波切望着大師，很慈悲的教導說：

「由於衆生的業力，和本身罪障的關係，修學者在從事自他二利的事業上，多少會有一些障礙。爲了要破除魔障而順利得到成就，必須修學本尊法。

「如果想要破除內外魔障，應當修持金剛手；要想增長廣大的智慧，應當修持文殊五字明；要想成就順緣，應當修持財寶天王；要想增益福壽，應當修持無量壽如來；要想消除人非人之擾亂，以及求賜一切成就，應當修持嘛哈嘎拉。

「這些都是我的本尊，現在全部傳授給你，你一定要如法修持，千萬不可間斷啊！」

（八）成就教主的瑞兆

頓珠仁欽仁波切爲了替大師送行，特別陳設一座莊嚴的壇城，並供上許多殊妙的供品。

供養時，仁波切入勝三摩地，至心懇禱一切護法聖衆加持，並祈願大師得到一切成就。祈禱完畢，以青稞供養壇城。刹那間，所有的青稞變成像珍寶一樣，大放光明。仁波切看了，很高興的說：

「這乃是賢慧，成就佛敎第二能仁（敎主）之瑞兆也。」

（九）不囘鄉里的徵兆

臨別之前，大師向頓珠仁欽仁波切禮辭。

這時，師徒一個以恩深，一個以義重，二人相互依依不捨，不勝惜別之情。但大師這次到衞藏，意義非常重大，關係着整個佛敎的盛衰，無量衆生的利益，因此不敢強留，唯有至誠發願，希望將來能夠在淨土中相見而已。

大師由於思念上師平日敎誨的深恩，熱淚不禁奪眶而出，心中覺得無限的悵惘。仁波切爲他摩頂加持，並一再安慰他。最後雙雙含着熱淚，互道珍重後，才緩緩的離開。

大師一面走，一面誦文殊眞實名經，海潮般離別之情，才慢慢平靜下來。但每當囘頭一望時，雖然已看不清上師的住處，心中却又湧起萬般的悲痛，忍不住幾乎想跑囘去。於是加緊誦持眞實名經，努力鎭抑住這股洶湧澎湃的悲哀。

然而很不可思議的是，大師只要誦到「不還之中復不還」這句經文時，心中自然而然又生起堅定不移的信念，不由自主地跨出篤定的脚步，勇敢向前邁進。或許這種預兆，早已顯示出大師將斷除恩愛，不再回鄉里了吧！

讚曰：「神童佛子世希珍，噶瑪嘆稱二聖人；

七歲出家通六慧，年輕入藏遍修臻。」

四、爲弘聖教　博學多聞

（一）入衞藏的途中

和大師同行到衞藏的，有住在止公寺的化緣喇嘛，名叫仁欽貝(rin-chen-dpol，義譯爲寶吉祥）。另外還有二個舅舅，幾個商人。

他們途經昌都時，在那裏住了一晚。那天晚上，大師夢見十六尊者和嘛哈嘎拉現身加持。後來，大師的高足喜饒桑布，依菩提億和賈曹傑之授記，在大師住宿的地方興建慈氏洲寺（即今昌都喇嘛寺），弘揚無垢正法。大師的教法，遂流徧於西康。

癸丑年（一三七三，大師十七歲）秋天，大師等人到達前藏止公寺（'bri-gung，或作'bri-khung)。大師在師依（地名）止公替寺（止公分三部分，替寺 mthil 是其中之一），謁見了噶舉派止公支派之大法王却吉結布（chos-kyi rgyal-po，他是當時赫赫有名的大喇嘛），在法王座前，修學大乘發心儀軌、大印五法、那若六法，以及止公派大喇嘛的著述。

（二）西藏大醫王

大師又從止公寺結伴西行，路經貢塘（gong-thang，卽拉薩東南蔡貢塘）時，依止當地一位精通醫術，名叫袞却札希（dkon-mchog sbyabs，義譯爲寶依處）的大醫師。他跟醫師學習馬鳴菩薩造的八支醫書，和印度、西藏所有善巧醫師的註釋，以及實習一切大小手術。經過沒多久，全部通達玄奧，圓滿善巧。

有一回，大師的身體欠安，雖然有十幾位名醫聯合替他診治，但是，應該用什麼藥，如何配治，以及寒熱之調配等，都還須請問大師。因此，這些醫師就在大師足前學習醫理，過了一段時間，都讚不絕口的說：

「如今西藏所有醫師中，最精通醫道的，莫過於法王仁波切了（宗喀巴大師之尊稱）。法王仁波切只不過對我們略微地講解一些藥性的差別，就已經比我們過去所學到的，還要精微得多。」

從這件事，我們也可以窺知大師對於五明中的醫理，是如何的善巧通達了。

（三）驚人的慧力

大師在貢塘住沒多久，爲了修學彌勒、無著、龍樹、提婆等各大菩薩的著作，遂前往第瓦僮寺（bde-ba-can，義譯爲極樂寺，此寺是當時前藏噶當派的六個有名講授經論寺院之一，也是上師頓珠仁欽的母寺）。

到達第瓦僅寺之後，大師依止住持札希僧格（bkra-shis seng-ge，義譯爲吉祥獅子）、上座也協僧格（ye-shes seng-ge，義譯爲智獅子）聽聞經論，依止云丹嘉錯（yon-tan rgya-mtsho）和鄔錦巴（o-rgyan-pa）兩位阿闍黎背誦經文。前後經過十八天，大師就把「現觀莊嚴論」的本文、印度獅子賢的註解和藏人絳嘉（'jam-skya）的疏釋，背得滾瓜爛熟，義理脈絡也通達無餘。

當時所有的教授師和同學們，對大師這種超人慧力，感到十分驚訝，無不深加讚嘆。

（四）辯才無礙

依照西藏修學佛法的慣例，每當學習一部論，獲得善巧精通之後，須到其他各寺去立這部論的宗，再由各寺選派精通這部論的法師，提出難題對辯。這種以論理研究佛法的方法，條理嚴謹，剖析精微，能使修學的人，對經中的含義獲得堅固不謬的見解。

大師十九歲時，已將「現觀莊嚴論」學得非常善巧，所以開始到各寺參加辯論，辯論的第一站，大師選擇當時極爲有名的桑朴寺。

桑朴寺（gsang-phu）位於拉薩以南，聶塘以東，於一〇七三年，由鄒勒必喜饒所創建。西藏著名大譯師鄒羅敦喜饒（rngog blo ldan shes-rab, 1059-1109）繼主此寺。從那時起，桑朴寺就一直是衞藏著名的講授經論，尤其是傳授因明和彌勒五論的寺院。現在西藏各派通行之因明入門辯論式，即創於此寺。各派著名喇嘛，如噶瑪噶舉之初祖知三時，剎巴噶舉初祖漾利巴等，多曾來此寺求學。（第瓦僅寺當時是屬於桑朴寺上院的一個支寺。）

大師在桑朴寺辯論時，由於都是內懷悲智，外具和悅，以無碍的辯才，闡述深廣的妙義，所以引起許多學者的信敬，大師「智慧圓明」的美名，遂慢慢傳遍到各地。

（五）受學密法

大師認爲，成佛之道只有兩種大乘，一種是波羅蜜乘（顯教），一種是金剛乘（密教）。這兩種大乘，以金剛乘較爲超勝，因爲金剛乘是二種悉地的寶藏，較佛出世更爲難得。

所以大師住第瓦僅寺時，爲了學密法，特地到聶塘附近的却宗地方（chos-rdzong），拜謁薩迦教主鎖南堅參尊者（bla-ma dam-pa bsod-nams rgyal-mtshan, 1312-1375，通稱喇嘛丹巴，八思巴之侄孫）。向尊者求得文殊五字明（紅黃文殊）灌頂、鈴師派的勝樂身曼陀羅灌頂、古琓（嘛哈嘎拉密法中的一種）灌頂等。

十九歲時，又從霞魯寺住持仁欽南結大師(rin-chen rnam-rgyal，義譯爲寶勝，布頓大師之傳法弟子），學習彌勒巴派之十三尊勝樂法，和大威德金剛五尊等灌頂。在覺摩囊寺（jo-mo-nang），從薄棟・喬列南結大師（bo-dong phyags-las rnam-rgyal, 1306-1386，是當時以擅長時輪金剛享有盛名的大師），學習時輪金剛六加行法，和時輪各種大疏等。

這些密法和密續講授，都是西藏當時極爲重要的傳承和心藏教授，大師均能受持而領悟。

（六）歡喜的講受

丙辰年（一三七六，大師二十歲）夏天，大師前往孜欽寺（rtse-chen，在江孜以北的一座山上），謁見兗噶貝仁波切（kun-dga' dpal）。仁波切爲大師詳講「現觀莊嚴論」一遍。仁波切智慧明利，又善能觀機逗教，具足無量善巧相。大師因而獲得最滿意的教授，凡譯自印度之各種註疏，全部通達無礙。

隨後大師又請兗噶貝仁波切講俱舍論。仁波切說：

「我原本相當通達俱舍論的。但是，近年來一直沒有人來聽講，已經稍感生疏了。如果現在要重新開講，勢必再參閱各家的著述。由於我最近身體不好，加上正在講授莊嚴論和因明，所以短時間恐怕不能如願。幸好我有一位弟子，名叫仁達瓦（red-mda'-ba）。他的智慧極高，又善巧俱舍，你可以從他聽聞，如能好好學習，必能獲益。」

大師經兗噶貝仁波切介紹後，在這年的夏天，依止結尊仁達瓦（結尊是尊敬之辭），聽受「世親菩薩註釋的俱舍論」一遍。

結尊仁達瓦講經非常善巧，他不光是消文釋義，還將整部論的要義，前後有條不紊的善加配置。其中一些關鍵和扼要的地方，也都以正理很清楚的加以辨別。使學者不但對整部論有整體的概念，而且對於不共殊勝的地方，也有決定性的見解。大師聽了非常高興，雖然只聽一遍，文義却能完全明白。最後大師又提出論中最艱深的問題，並說出自己的看法和結尊仁達瓦討論。每個細節經過結尊仁達瓦精微的剖析後，都感到很滿意。師生因此都很愉快。

結尊仁達瓦告訴大師說：

「對你講經，實在須要很小心。不過你能提出問題的核心，所以講給你聽，我很歡喜。」

（七）無與倫比的恩師

大師一生中，影響至深且鉅的，要算結尊仁達瓦了。

仁達瓦，本名叫宣奴羅追（gzhon-nu blo-gros, 1349-1412，義譯爲童子慧）。元朝至正九年，在薩迦寺附近仁達考梭出生。一般人都以他出生地爲名，尊稱他「仁達瓦」。

仁達瓦從小就智慧過人，處處顯露出與衆不同的特殊稟賦。在他心中，三有世間就像海市蜃樓般地不足爲恃，行菩薩道，也只是些「建水月道場，作空華佛事」罷了。又因他厭離種種欺誑不實的世俗恩愛，衷心追求幽邃的眞理，所以年紀很小就出家了。

仁達瓦出家後，從慶喜祥和末底班禪等大善知識，接受各種經論的傳承，從薩迦寺住持聽聞中觀論。由於他宿智穎悟，一切顯密經論，只須參閱一、二次，就能通達其中的深義。譬如中觀論，卽是靠自己之觀察慧力，通達應成派（月稱派）中觀見之深義，而廣敎後學的。

中觀論是一部闡明如來所說緣起空義的論著。因爲修學佛法，若不證得空義，卽使是聲聞、辟支佛道，也無法脫離生死輪迴，所以這是一部很重要的論典。奈何當時中觀學非常衰微，得傳承的人已如晨星之寥落，更遑論是解釋講授的人。後因仁達瓦大力提倡，善於宣講，中觀學才又在西藏興盛起來。如噶瑪寶童讚嘆說：

「過去除薩迦寺外，難得聽聞中觀之名。如今西藏，無論智愚，開口中觀，閉口中觀，這全都是仁達瓦的恩賜。」

仁達瓦又從虛空賢、名稱幢、勝依祥諸大譯師，聽聞集密、勝樂等密法經論教授，廣事弘揚。在薩迦派大德中，能如實弘揚集密大法，和中觀應成派正見的人，以他爲第一。在布頓仁波切，和宗喀巴大師之間，全西藏顯密佛教界中，也以他爲最有學問。他的著作有中觀論、入中論、四百論、俱舍論、集密經等註疏，盛行於世。

仁達瓦行持嚴謹，雖是極微小戒律，也能守護不犯；又因發眞實菩提心，平時待人接物，處處以弘揚佛法、饒益衆生爲依歸；於無上密法之兩種次第，已獲得堅固之三摩地，並證得共與不共兩種功德。因此常有善品天的天神，現身前來供養，讚嘆不已。

有一次，他發願講授經論，教導後學，就在那天晚上，虛空中有龍樹、無著等論師，現身擊大法鼓，鼓聲徧滿整個世間。

大師親近如此殊勝功德的仁達瓦，陸陸續續聽完入中論、集論、釋量論、戒律、現觀莊嚴論、俱舍論等講授，每部論都學得精熟通達，因此深獲結尊仁達瓦的稱許。

大師最初獲得中觀、因明之理，是由結尊仁達瓦傳授的。後來大師造辨了義不了義論，以及性相理門等諸論書，這些思想，也是以結尊仁達瓦爲基礎。所以在大師生平諸位師長中，以結尊仁達瓦爲最上和無與倫比的恩師。

（八）研習比丘戒經

丁巳年（一三七七，大師二十一歲）春天，大師爲了學戒經，因而前往覺摩巃寺（skyor-mo-lung，於一一六九年建，此寺歷來一直是講解和傳授戒律最有名的寺院），依止住持羅賽瓦（blo-gsal-ba）大律師，聽聞印度德光論師所造的比丘戒經、印度釋迦光論師所造的戒經疏，以及各家戒律註釋。

當時西藏流行兩派戒律傳承，一是下路傳承，由格瓦饒賽（dge-ba rab-gsal）所傳，一是上路傳承，由達摩巴拉自所傳。這兩派傳承，都屬於一切有部，非常注重德光戒經，和釋迦光戒經疏。大師爲了徹底學戒，因此首先研習這些經疏。

大師學戒經之餘，每天又自行研讀比丘戒經大疏十七頁（約漢文兩卷），從無間斷，且過目不忘。所以大師對各家不同的解釋，都很熟悉。（此後，大師學任何一部經，每天課餘，都以讀十七頁經爲常課。）

（九）不可思議的定力

大師住覺摩壠寺時，每天都隨大衆上殿做功課。

有一天，當大衆誦至般若行法時，大師一面誦持，一邊思惟空義，剎那間，即入三摩地，心安住在「諸法幻現無實」的緣起性空觀上。隨後，大衆又高聲朗誦其他行法，此時大師的心中，仍然不起少許分別，毫不作意的安住在，明明朗朗、清清楚楚的性空無我義上。外境的聲浪，絲毫驚擾不了他。等到整個課誦過程都完畢之後，大師才緩緩出定。

大衆對於大師這種希有的定力，驚嘆道：

「像我們這些福薄慧淺的衆生，就是閉關專修多年，恐怕也無法入一秒鐘的定，更何況說是定在『緣起性空觀』上呢！大師這種聞、思、修三事並行的修持力，眞是世間少有啊！」

（十）背痛的啓示

大師研讀戒經大疏至四十多卷時，有一天，忽然覺得上半身的後背，猛然抽痛（留難之相）。剛開始有如針刺，後來漸漸演變成，像利刃不停地插進背部一樣，痛得實在令人無法忍受。爲了醫病，大師到朶壠樸（stod-lung-phu，在拉薩西北附近），祈求一位善巧鳴僅寧主（密法名）的善知識，請他傳授却病的密法。大師依照所傳儀軌，修了以後，仍然沒起色。隨後又到第瓦僅寺，請一位善巧醫術的醫師治療，但還是不見效。

這時，大師猛然想到：

「自從我到衞藏後，因諸多不便，對於財寶天王、六臂嘛哈嘎拉、金剛手等本尊法的修持，常有間缺。由於修持間缺，以致遭受到目前這種順緣不足、病痛滋生的困擾。悲夫！這都是我未聽從上師指導的後果啊！」

（其實大師並非眞有違背上師教誨的過失，他的本意，只是爲了警策後學，隨機示現罷了。修學顯密佛法成就的根本，就是恭敬上師，接受上師的指導。這不只是外表的承事供養，最重要的，乃是內心眞實的恭敬。古今一切成就者，沒有一個是例外的。這些道理，在華嚴經上也講得很清楚。）

後來，大師在結尊仁達瓦的極力勸導下，在薩迦寺，請求一位善巧「訶」字法的老格西，傳授此「訶」字法。大師住靜處修了一段時間，所有的病苦全部痊癒。

（十一）前往薩迦寺學法

薩迦寺位於拉薩的西邊，是薩迦派祖師昆．袞却結布（'khon dkon-mchog rgyal-po，1034-1102）所建的。袞却結布四十歲時，有一天，他登高閒眺，偶然看到奔波日山卓然高聳，四周圍的山羣，好像向這座山朝拜一樣。因此買下這座山，於一〇七三年建薩迦寺，後來成爲薩迦派的根本道場。

戊午年（一三七八，大師二十二歲）春天，大師經納爾塘到薩迦寺。當時結尊仁達瓦也在薩迦寺，聽聞薩迦派道果教授，大師遂依止結尊仁達瓦，共住十一個月。結尊仁達瓦在聽道果之餘，爲大師評講「集論」一遍。並以「釋量論」爲主，兼講「入中論」。此外，又誦授律藏等經論之傳承。

此時，大師又兼從多傑仁欽（rdo-rje rin-chen）學習「喜金剛密續」（無上密部中之一部，薩迦派密法以此經爲主）第二品，薩迦派大德的註釋。

（十二）斷除世俗恩愛

己未年（一三七九，大師二十三歲）春天，大師隨結尊仁達瓦，自薩迦同往拉朵絳昂仁寺，度過春夏兩季。（拉垛絳，la-stod-byang，在拉孜以西，藏布江以北，惹噶河以南的一帶地方。昂仁，ngam-ring，是拉垛絳地區的首邑。昂仁寺原屬薩迦派，五世達賴喇嘛時改屬黃教。）

在此期間，結尊仁達瓦爲大師講授「釋量論」，和自己著述的「善說海」（集論之廣釋），並詳細講解「集密根本續」和「五次第論」（這二部都是無上密法）。

秋天時，大師自昂仁經薩迦回前藏，領取家中寄來的財物。後因友伴的勸請，和慈母來信中的懸念之言，因此學了一些應酬佛事的教授，打算回鄉探望親眷。

大師自拉薩東歸，走到梅卓拉壠（mal-gro lha-lung ，在拉薩和止公之間）時，忽然想到：

「這樣回去必然利少過多，這是何苦呢？

「衆生從無始以來，就是被這無形的恩愛所纏縛，而遭受無盡的生死輪迴。如今我已出家，就不能再留戀世間的恩愛，否則，這跟一般世俗的人又有什麼不同呢？

「如果一個人尚有一絲世間貪愛，就不能算是發眞實菩提心，更無法成就淸淨的佛果。如此一來，我將如何報答佛陀，和累世父母養育的恩惠？

「衆生心中的貪愛，有如家中所豢養的狗一般，任你如何驅逐，也驅逐不去；而出離心就像森林中急奔的小鹿，瞬間卽消失了踪影。因此我一定要小心對治，勵力調伏此心。

今後無論如何，我絕不再回西寧。」

大師想到這裏，遂於世間愛樂，深生厭離。

（十三）奇異的畫像

大師的母親見大師遲遲未歸，又一再寫信催他回去，最後託人帶來一把螺貝般的白髮，並附帶說：

「兒啊！我已是風燭殘年的老人了，最近身體很不好，每天盼望着見你，今生我倆不知能不能再見面，請你回來一趟吧！」

大師看完母親附帶的信後，自忖道：

「我回去實在沒有多大利益，既然母親要看的是我的相貌，不如繪一張自畫像寄回去，或許這樣能讓母親安心。」

大師因此打定主意，立刻繪一張自畫像，寄呈給他的母親。後來當大師的母親展開這張畫像時，畫像竟然開口叫聲：

「阿媽！」（西藏人稱呼母親叫阿媽）

大師的母親看到這種不可思議的現象，大為驚異，一時生起無量的信敬與歡喜心，覺得這跟大師親自回來沒有兩樣，思念之心也就平息了。

（十四）釋量論的眞義

大師決意不回鄉里後，在梅卓拉壠，依止喇嘛鎖南札巴（bla-ma bsod-nams gsags-pa）聽講一些經論。並自行研讀法稱七論和陳那集量論。

大師因深覺一般通用的「釋量論」解釋本，和原意不合，遂閉關靜修，詳細閱讀「釋量論廣釋正理藏論」（這部書是薩迦班智達之高足鄔由巴所著述，在十三、十四世紀時，在衞藏是一部權威的註釋書），和由印度譯出之各種疏鈔。

法稱論師所造的釋量論共有四品，其中第二品是「成立量士夫品」。在這一品裏面，以流轉門和還滅門來證明佛是一切種智者。以流轉門論述的目的：一方面爲了論證成爲「量士夫」的一切種智者，是遵行一定的方法逐步串習而成的，以駁倒認爲一切種智是無因生的邪見；另一方面論證由「有因」所成的一切種智（佛），是具足三德之善逝者（自利圓滿），和一切衆生的救護者（利他圓滿）。

又爲遮止故，從還滅門論證，以大悲心爲成立「量士夫」的道理，推知以菩提心及加行圓滿證無垢智慧，串習利他之行，乃爲主要行爲。從而又顯示了必須修持布施等六度。

簡單的說，從流轉門的論述，目的在使人明了示現的佛，是怎樣修來的。從還滅門的論述，目的在使人明了最初應抉擇四諦的道理，方能證得功德圓滿。整品如此不斷的作反覆論證，以正理證明如何才能成佛和有前生後世的輪廻說。

大師閱讀到這一品時，對法稱論師論著的理路，引起無量不可壓伏之猛利信心。這時，毛髮豎立，悲喜交加，眼淚撲簌簌的直流下來。以後每次閱讀釋量論時，都是如此。由此可見，大師對釋量論之信重，是多麼深切！

過去西藏所有講授法稱論師「七部量論」，或陳那菩薩「集量論」的大善知識，都僅認爲這是闡述辯論技巧的書籍，完全不知道其中還有證解脫和成佛的道果。唯獨大師以無垢智慧，總觀所有的因明論著，特別是「集量論」和「釋量論」，攝盡一切如來教法的修行次第，毫無錯亂。

這裏說明，任何人修學佛法，從初發心到成佛的過程中，應由下而上，由淺入深，次第不能有絲毫的錯亂。更不能缺漏某部分，而專修某一層次的法義。比如只修菩提心，而不修出離心；或只修中觀正見，而不發菩提心等。這種錯誤的學法，無論如何精勤也成不了佛。就像種稻子一樣，如果只知道下種子，而不知道必須配合水、溫度、土壤、人工等各方面的條件，其不會有結果的道理，是淺而易見的。

因此，大師對陳那和法稱等論師，所生起的不共信心，實非他人所能及。

（十五）立四部論宗

己未年（一三七九，大師二十三歲）冬季，大師住第瓦僅寺，復習所學經論，準備明春參加各寺辯論。此時，遜位元順帝太子帖木兒，寄來一封信，並供養大師許多珍貴的禮物。大師於這年十二月二十七日回信致謝。

庚申年（一三八〇，大師二十四歲），大師到後藏各寺參加辯論。經納爾塘寺，又從頓桑瓦大善知識（don-bzang-ba），聽講「釋量論」一遍。

夏季法會時，大師於此寺依「釋量論」、「集量論」、「俱舍論」、「戒經」四部論，立宗答辯。這是大師以四部論立宗之始，此後就被稱爲「噶希巴」（bka'-bzhi-pa）。噶希巴是指能依四論立宗答辯的人，也是顯教經論已經學成的一個稱號。

（十六）四部並學

庚申年，大師在納爾塘寺時，從袞噶札希仁波切（kun-dga' bkra-shjs，1349–1435，簡稱 bkhon bkras-pa，明史譯爲昆澤思巴，是八思巴侄玄孫。他也是結尊仁達瓦的上師，一四一三年奉詔至京，明成祖封他爲大乘法王），修學薩迦派的「喇嘛囊決」，以及「松索摩」。並從南喀南交（nam-mkha' rnal-'byor）學習「蘇悉地法」。

金剛乘的密法，大體上來講，可分為作、行、瑜伽、無上瑜伽等四部。蘇悉地法，即屬於作密。當時西藏學密法的人，專崇尚第四部之無上密，和第三部的瑜伽密，其作、行兩部，雖然尚流行各種灌頂與修法，但經論之講授，幾乎已沒得聽了。

大師認為，若想正確的了解密宗或學習密宗，絕對不可偏學某一部經續，或某一密法，而是須要對四部密法，作整體的、系統的學習。所以大師求學時，即遍學四部，無所偏廢。

（十七）受中觀六論之傳承

庚申年秋天，大師聽說結尊仁達瓦在薄棟靄寺，遂亦趨靄寺，從結尊仁達瓦溫習「入中論」、「集量論」、「釋量論」、「俱舍論」。並請他重新講授「現觀莊嚴論」、「戒經」一遍。

在此前後，大師又從納爾塘寺住持袞噶堅參（kun-dga' rgyal-mtshan，義譯為慶喜幢）處，得「中觀論」、「六十如理論」、「七十空性論」、「迴諍論」、「廣破論」、「寶鬘論」等中觀六論的傳承（只有口誦沒有講解）。後來在第瓦僅寺（極樂寺）請喇嘛絳仁巴（'jum-rin-pa）詳細講解一次。

當時西藏得中觀學諸論傳承的人，寥寥可數，能講授的人更少。如今西康、蒙古、西藏等地方，講授中觀經論的人，比比皆是，這都是大師得中觀正見後，努力弘揚的恩賜啊！

（十八）五部大論

大師在前後藏各寺立宗答辯，共用過五部書：㈠現觀莊嚴論，㈡集量論，㈢釋量論，㈣俱舍論，㈤戒經。這五部書，和後來黃教寺院僧衆所學的「五部大論」，只有一部之差。卽五部大論中無「集量論」，而有「入中論」。「入中論」這部書，大師從結尊仁達瓦學過三、四遍，其所以沒用「入中論」立宗答辯，是因爲當時中觀學非常衰微，沒有這類人才可與對辯而作罷。

這五部大論，分別代表整個大乘佛教各階段，和各方面的書。如「入中論」、「現觀莊嚴論」、「釋量論」，卽分別代表中觀、瑜伽、因明三個流派，也代表了大乘佛教發展的三個重要階段。要想讀通這三部書，還要閱讀許多輔助論典（這些書，大體上包括大乘各派重要的著述。松巴堪布所造的「佛教史」中，講到宗喀巴大師所學的顯教經論時，曾大量開出此類輔助的書名）。所以眞正通達這三部書，可以說對大乘各派思想，已有了全面的了解。

「俱舍論」當時在印度通稱爲「聰明論」（意思是說，讀了這部論以後，就可以聰明起來）。它是一部組織非常嚴密，廣泛地論列徹觀迷悟因果眞理，而達到涅槃的佛學思想大著。如果學佛的人，能從「俱舍論」入手而研究大乘，則將很容易理出全部教理的頭緒，把握住信解行證的程序和入門的方法。

「戒經」是印度德光論師所著，它不同於誦戒用的戒本，而是以得戒、持戒、還淨的次第，概括組織一切有部各種戒律（通稱十七事）的一部論典。

這兩部論，在印度、西藏，已分別作爲佛學基礎知識，和戒律方面的必讀要典。

由大師精通這五部大論，和其他難論看來，他並不是僅僅了解某一派、某一階段，或某一方面的法義，而是對整個大乘佛教經論的深義，有極深入的探討，與透徹的了解。

（十九）求學圓滿

大師求學時，完全依照頓珠仁欽仁波切的指示，認爲正確的修學佛法，須先學顯教的教理，而後專修密宗。學顯教時，於龍樹、提婆、無著、世親、陳那、法稱（以上六人，藏人稱爲「世界六莊嚴」）、功德光、釋迦光等諸大論師的著述，不以少分粗得爲滿足，一切經論都應審諦研究。

因此大師在學一部論時，實際上亦兼顧其他。當時藏中所有經論，大師或者僅受傳承，或者兼聽講授，幾乎沒有不接觸過的。這些無量甚深法義，深入大師智鑪後，均融合一味，通達無碍。

大師在求學圓滿的時期，遊歷薩迦寺、貢塘寺、桑朴寺、孜塘寺等有名道場，依論立宗答辯。此時以大師的能力，是可以同時立十多部難論之宗的，只因當時各道場精於其他難論的人才較少，所以只依「集量論」、「釋量論」、「俱舍論」、「戒律」立宗（「現觀莊嚴論」前已立過）。

由於大師的智慧高超，辯才無碍，通達教理如同大海般的寬濶，所以解釋各方的提難，勢如破竹，辯論間就像晨鐘一樣，小叩則小鳴，大叩則大鳴。

在前後藏各大叢林中，不管是通解三藏的大德，或是專提難論的善知識，沒有不因領教過而起讚嘆歡喜心的。此後，有許多後學者，都不太敢跟大師辯論，卽使辯論，也莫不戰戰兢兢。

大師辯論時，均懷大菩提心，凡是見到障蔽聖道的惡劣宗派，都很慈悲地以正理抉擇經論中的深義，折服一切邪執，絲毫不起我慢瞋恨之心。大師以如是善巧清淨功德，引發許多學者的信仰，所以有許多人樂意跟隨大師，做他的弟子。

讚曰：「五明通達聲醫全，智力宏深定亦然；
究律習經顯密合，多聞博學三慧圓。」

五、以律爲主　大弘佛法

（一）正受比丘戒

大師認爲，佛法心藏中之七種別解脫戒，其最寶貴、最殊勝的一種，就是比丘戒。因爲清淨的比丘戒，是顯密二種大乘戒律的基礎；同時，正法能不能永住世間，也完全依靠是否能以比丘戒律之建立而定。

然而欲受持清淨的比丘戒，必須具足厭患輪廻之出離心，與誓願行持清淨戒的決心，並須把握戒律精神，領悟戒律的宗要，對於持戒、得戒、還淨等細目，也要完全明白。

大師在求學時，已圓滿此預備階段，遂於乙丑年（一三八五，洪武十八年，大師二十九歲），在雅墩（地名）南結拉康寺（rnam-rgyal lha-khang），恭請錯勤波寺的住持——粗墀仁欽律師(tshul-khrims rin-chen，是傳承釋迦室利跋陀羅所傳戒律的大律師)爲親教師（得戒和尙），錯巴吉津寺的住持——慧依律師(ser-mgon-pa)爲羯摩阿闍黎，錯巴吉津寺的維那師——金剛福律師（bsod-nams rdo-rje）爲教授阿闍黎。還有二寺的持戒比丘爲尊證師，以此正受具足大戒。

大師受具足大戒後，身心頓時充滿甘露，入正僧教，慰悅人天，而魔軍則大爲恐怖矣！

(二) 改戴黃帽的本意

西藏由於朗達瑪王毀滅佛法，以致一百多年間僧俗不分，沒有眞正嚴持戒律的出家人。後來盧梅大師到西康依止格瓦饒賽大律師求戒，回到藏地之後，弘傳戒律，重建僧伽，法門龍象因而輩出，使全西藏的人，又重瞻世尊教法。教化之盛，有如寶炬重光，旭日東升。

當盧梅大師要回藏地時，格瓦饒賽大律師把自己所戴的黃帽子送給他（過去全西藏只有兩個人戴黃帽，一位是格瓦饒賽大律師，一位是宗喀巴大師所受戒律的傳承祖師釋迦室利跋陀羅），並囑咐說：

「你戴了這頂帽子，就會想到我。」（密意是說，戴了這頂帽子，就會想到戒律。）

由於這個典故，後代有心振興戒律的大德，都戴上黃色的帽子。

宗喀巴大師在求學時，看到西藏佛教，戒法日漸鬆弛，一般人呵戒爲小（小是指小乘），藐視戒律。有些出家人，甚至連坐具和鉢等是沙門的必須用品都不知道，三衣的條幅是什麼樣子也沒聽說過。他覺得這樣下去，絕非衆生之福。所以大師在受過比丘大戒後，依照古代大德持律的密意，也改戴黃帽。藉此作爲戒法重興的象徵，以對治當時不守戒之頹風。

由於大師躬弘戒律，着黃衣帽，遂被後人稱爲黃帽派，簡稱黃教。

(三) 佛教前途的光明救星

大師受比丘大戒後，前往丹薩替寺（gdan-sa-mthil，帕主噶舉之主寺），以師禮謁見札巴絳曲仁波切（grags-pa byang-chub，1356–1386，義譯爲名稱菩提），在仁波切座前請問法義、印證所學，並聽受薩迦派道果教授、噶舉派那若六法，及帕摩主巴多傑結布、世間依怙等的著述。

札巴絳曲仁波切，自幼菩提心任運而長，持戒嚴謹，雖微小戒律亦不曾犯，所以一般人稱他爲「却希巴」（却希巴直譯爲四法者。即㈠寧死不飲酒，㈡目不視女人，㈢不積蓄財物，㈣宴居簡出）。他曾是丹薩替寺最高的領導人，於一三七四年，蒙明太祖召見，封他爲「灌頂國師」。

這次大師和札巴絳曲仁波切相見，由於大師學識深邃，志氣遠大，因而感動仁波切信愛之心，相談之下，不覺涕淚。有一次，仁波切曾在衆人面前，稱讚大師說：

「只有像宗喀巴大師這樣的英明，方能成就偉大浩瀚的功德藏，他眞是佛教前途的光明救星啊！」

（四）善巧聲明

華嚴經中，佛弟子問佛說：

「請問世尊，從那裏可以找到菩薩之道？」

佛陀回答說：

「於五明處求之。」

這意思是說，修學大乘佛法的人爲了行菩薩道，必須善巧各方面的知識。因此大師除了對因明、內明、醫方明等方面的知識努力精研外，對聲明亦曾探深入微。

大師於一三七五年（是時大師十九歲），往各道場辯論時，曾在薩迦寺附近的薩桑（sa-bzang），從末底班欽大師（mati pan-chen，仁達瓦的上師，屬覺昂派）學詩論。又於庚申年（一三八〇，大師二十四歲）秋天，在靄寺，從南喀桑布譯師（nam-mkha' bzang-po）學習「碾阿梅隆」（snyan-ngag me-long，義譯爲詩鏡。梵文藏譯，爲藏人學習詩韻詞藻的一部重要書籍）。大師學習之後，除了能準確地運用文字語言外，更能深入玄奧，普入一切深密之音聲莊嚴海。

丙寅年（一三八六，大師三十歲），札巴絳曲仁波切圓寂，大師受許多道俗的勸請，爲仁波切作傳讚，讚文極爲優美，堪稱絕妙，大眾無不嘆爲希有。

大師在此一、二年，修妙音天女時，曾感天女現身說法，並講授一切儀軌，因而證得無量不可思議之功德。此後大師所作的各種讚文、願文、著作等，文句和雅莊重，可說都是聲明中登峯造極之作。

(五) 第一次造論——金鬘論

丙寅年，大師曾往聞地（'on，地在聞河河谷）、札希多噶（bkra-shis rdo-dkar，在河東）、革如（ke-ru，在河西）等寺，爲隨從弟子阿旺札巴（ngag-dbang grgs-pa）等，及當地僧衆講「現觀莊嚴論」、「釋量論」、「入中論」等論。

後來大師又往蔡貢塘之蔡寺（tshal，噶舉派蔡巴支派之主寺），閱讀甘珠、丹珠大藏經（一部很有名的藏經寫本），因而引生無量妙慧。

戊辰年（一三八八，大師三十二歲），大師於蔡寺，開始造「現觀莊嚴論獅子賢釋詳疏」（書名叫「善說金鬘」）。大師寫這部書，前後一共用了兩年，最後在第瓦僅寺完成。

當時，有一位平日貢高我慢，又喜歡毀謗大師的達倉譯師，看過「善說金鬘」後，我慢高山頓時盡摧，有如大風拔樹一般。他不禁連連讚嘆道：

「大師慧日於青年，已敷經論蓮花園，吾慢固目由此閉，啓白深廣智慧藏。」

（六）教法永住世的瑞兆

大師住蔡寺時，曾經帶他的弟子阿旺札巴，前往拉薩大招寺，在大悲觀世音菩薩聖像前，受持大悲齋戒。

有一天晚上，大師為了想知道未來弘法渡生的情形，因此師徒兩人在大悲聖像前，殷重至誠的祈禱，請求大士在夢中授記。

阿旺札巴在朦朧的夢中，見空中有兩個碩大的法螺，緩緩墜入在自己身上所穿的衣服裏。墜入之後，立即合成一個。阿旺札巴順手拿出來一吹，竟發出無比廣大的聲音。（這個夢兆，表示阿旺札巴，將來會在康地、賈絨兩地弘揚佛法，成辦廣大的事業。）

大師則在夢中，見自己飄昇到那塘牙拉牙山的險巖。巖上有一塊平滑潔白的石板。石板上橫放一朵青蓮花。青蓮花正盛開，顏色鮮美，花瓣沒有枯萎，莖幹每個部分都很完整。大師拾起青蓮花，心想：

「這是解脫母的三昧形，為什麼會放在這裏？難道這是菩薩攝受的徵兆嗎？」

這時，忽然聽到空中有聲音答道：

「不是的，這是具足壽相的緣起（預兆）。」

（這個夢兆，大師雖未加說明，但只要仔細想一想，仍然可以明白。飄昇到險巖：表示大師將超越生死險巖，達到最究竟的解脫。白色的石板：表示大師清淨的意樂，猶如潔白無垢的心田，早已遠離汚穢的自利心，和粗澀的煩惱心。青蓮花盛開，顏色鮮美：表示大師以廣大的智慧，使得正法如日中天，光耀奪目。花瓣不枯萎，莖幹完整：表示大師無垢的教法，將永住世間。拾起青蓮花：表示廣大的佛教事業，將由大師親自成辦。）

（七）各地爭相迎請

己巳年（一三八九，大師三十三歲）春天，大師到賈域（地區名，在達布地區東南），爲七十多位僧衆，廣轉「釋量論」、「現觀莊嚴論」、「入中論」，和「集論」等法輪。

當時蔡寺，有一位實證大德，名叫耶歇堅參（ye-shes rgyal-mtshan），他精通各種顯密經論，其中特別擅長「時輪金剛」。大師請他傳授此密法，他很快就答應了，於是兩人同往覺摩壠。大師在覺摩壠，從耶歇堅參大德，聽受「時輪金剛無垢光明疏」（這是一部時輪金剛經的權威注疏），並學習一切事相、籌數等。第二年冬天，大師移往琛壠(stod-luog)，專修時輪金剛法，同時兼爲隨從弟子講經。

此時，住在雅隆地區門喀（mon-mkhar）宗基寺（rdzong-ji）的札巴仁欽仁波切(grags-pa rin-chen)，因久仰大師之種種功德，生起正信心，一再派人來迎請，大師看他如此誠懇，遂答應前往。

當大師路過森布山（srin-po-ri）時，爲貢噶却結法王（gong-dkar chos-rgyal）所留駕。因此大師在春季法會時，先爲日丹拉康（rigs-dan lha-khang）當地僧衆，講「現觀莊嚴論」、「釋量論」、「集量論」、「俱舍論」、「比丘戒經」、「入中論」等。然後在夏季法會時，才到雅隆，爲門喀宗基寺的大衆講授經論。春夏法會期間，大師師徒生活所需，分別由貢噶却結法王和札巴仁欽仁波切所供養。

這幾年，大師除了講授顯教經論外，偶而也爲隨從弟子，傳法灌頂。

（八）轉大法輪

大師在三十三歲那年冬天，住門喀札喜棟寺（mon-mkhar bkra-shis-gdong）。有一天晚上，大師和大衆在一起烤火，談到印、藏諸高僧的傳記時，大師感嘆說：「從前藏地，在同一時期講經最多的，莫過於大善知識慧獅子（ses-sen）了。他在同一法會中，每天能講十一座不同的經論。唉！如今佛法陵夷，往日勝況恐怕難再得一聞了！」

當時，有霞頓格西（sa-ston）等諸大善知識，祈請大師說：「慧獅子善知識講經的勝況，我等雖無福值遇，但現在聽了大師的講述，仍然歡喜萬分。大師學問深廣，洞徹幽微，定能勝任如是大佛事，所以我們祈請大師也跟他一樣，在同一法會中，講授十一部經論。請大師慈悲，答應我們吧！」

大師看他們態度極爲誠懇，於是答應說：

「如果我再努力一點，也許能辦得到。」

大師遂於第二天（初十）閉關，溫閱參究一切經論，預定三十日出關，下月初一開座。

住在附近的善知識，聽說大師將在一天中講十一部經論，無不歡喜雀躍，相繼前來參加。部分路途較遠的人，唯恐趕不上會期，紛紛預先來信，祈請大師將開講日期稍延幾天。

大師爲了圓滿大衆心願，因此從初一到初四，只講些各種經論的概要，正式開座則改在初五。

初五那天，大師突然宣佈所要開講的經論爲十五部。自此以後，每日講論十五座，未嘗間缺。其中有兩部小論提早講完，大師馬上補充兩部。所以此次法會，大師前後總共講了十七部大論。

這十七部論，就是彌勒五論、中觀五論（中觀論、廻諍論、六十正理論、七十空性論、精研論）、集量論、俱舍論、戒經、釋量論、入行論、入中論、四百論。大師講每部論時，都各以一部大疏爲主，其他疏鈔爲輔。如果遇到各家疏鈔有不同解釋時，一定將各家不同的觀點全部提出，以正理一一的辨別，然後再加以取捨。因此，每部論都能消除疑難，顯出經論的眞實義理。

這樣歷經三個月，法會才圓滿結束。

法會中，大師每天於晚座後，尙修大威德金剛生起、圓滿兩種次第，從無間缺。所以法會中的聽衆，對於大師這樣殊勝的定慧，都生希有之心，同聲讚嘆說：

「大師如果不是得到本尊的特別加持，也一定是證得總持陀羅尼的大地菩薩，否則怎能擔負如此偉大艱鉅的廣大佛事呢？」

此後，大師又曾在一法會中，同時講二十一部大論；住第瓦僅寺等各大道場時，前後七年間，每一法會都同時講十部以上的經論；在大師專修時，前後總共講二十九部大論。講每部論時，又都同時攝取好幾部疏鈔，在相異的地方，也一再辨別，直到顯出正理爲止。這種工作雖然很繁難，但大師每次都顯得非常自在。由此觀之，大師之超人慧力，是多麼希有難得啊！

讚曰：「成就菩提戒爲基，毘尼顯密應嚴持；
黃衣現出光明藏，怙主慈悲法普施。」

六、殊勝傳承　中觀正見

（一）巧遇喇嘛鄔瑪巴

庚午年（一三九〇，大師三十四歲）春天，大師打算遍學金剛乘的密續講授、灌頂、密傳、事相等法，並想再次親近結聳仁達瓦，因此自覺摩壠前往後藏達倉（stag-tshang，這地方又叫達倉宗喀，卽舊地圖上的宗喀，今已改名吉隆）。

大師在往後藏的途中，路過容地（rong，羊卓雍湖西北容河河谷）拏却壠（snubs-chos-lung）時，曾依止錯寺（tshogs）住持札巴歇寧大師（grags-pa shes-bnyen）學習「五次第論」。

當時，有一位西寧來的喇嘛，名叫尊追僧格（brtson-grus seng-ge），住在容地却壠第喬登寺（bde-mchog steng）。這位喇嘛，因爲精通中觀深義，所以一般人稱他爲「喇嘛鄔瑪巴」。大師弟子中，有福稱三藏法師和慧稱善知識，前去向他請法。

喇嘛鄔瑪巴告訴他們兩位說：

「宗喀巴大師，才華卓越，智慧高深，具足種種殊勝功德，我對他心儀已久。如今正想前去拜謁他，並向他請求妙音天女的灌頂。」

後來，大師和喇嘛鄔瑪巴會面時，兩人相見甚歡，大師遂依他所求，爲他傳授妙音天女灌頂。接着，兩人詳談法義，互證所學。喇嘛鄔瑪巴說：

「我在童年時，文殊菩薩就常現身說法。但惟恐這只是幻相，或是魔障，所以曾用許多方法考察它，直到現在，我還不敢確定它的眞假。大師深入佛法心藏，洞徹幽微，因此祈求大師慈悲，爲我釋疑。其實，這才是我今天請求灌頂的眞正目的。」

大師以中觀之甚深法義，一一加以詳細妥善的考問，覺得喇嘛鄔瑪巴所現的境象是眞實的，於是告訴他說：

「關於境象的眞假，今後你不須再疑慮了。但千萬不可因此而沾沾自喜，忘失密意，相反的，你更須殷勤地祈禱。至於本尊的眞實身語，並不是觀行者之眼、耳等根識所能見；眞實身語，乃意識之境，必須觀行者深入三摩地後，方能見到的。目前我也正急須請求文殊菩薩的修法教授，因此我必須卽刻前往達倉，與結尊仁達瓦會合。」

大師於是起身告別了喇嘛鄔瑪巴，率領衆弟子，疾疾趕往達倉。

(二) 慈悲教化

修學佛法，從初發心到佛地的過程中，每個人都會遭遇種種不同的障礙。如果不是發心正確，和通達佛理的人，是很難突破這種難關的。

這些障礙中，最可怕的是：魔現佛身，指導不正確的見解，設法引人誤入歧途；或是魔現本尊，講授不正確的經續、胡亂授記等。修學佛法的人，如果想正確的辨別出，這些到底是魔的化現，還是眞實佛身，則必須精研本尊的經續、通達甚深的中觀見，以及具有眞正傳承上師的指導。

當時有些學佛的人，由於業障深重，癡迷無智，既不精研顯教的教理，又不斷除五欲的貪愛，以致佛魔不分，整日隨魔轉。他們整日盼望見佛、見菩薩，所以一遇有幻相，或是魔境，全不以正理分別眞假，就認爲它是眞實的；甚至着了魔，還誤以爲是成就。這種纏妖中祟的人，不但使自己沉淪爲魔的眷屬，生生世世永不得超脫，而且更令跟他們互相往來、同遊作伴，以及送接物品的人，也同樣遭受不可預測的魔難。

喇嘛鄔瑪巴看到不正確修學佛法的人，有如此可怕的惡果，所以他明知文殊菩薩確實現眞實身攝受他，却仍然前來與宗喀巴大師相互印證。其目的，在以現身說法警策後學，告訴初學佛法的人，務必精研教理，依止眞正善知識，如此才不致求昇反墮，害人害己。

(三) 喇嘛鄔瑪巴的成就

喇嘛鄔瑪巴在童年的時候，身內心輪附近，自然會發出文殊五字明的聲音，清晰悅耳。有一次，他因發出的咒聲響若狂雷，而不支倒地。醒來時，赫然發現面相莊嚴的黑色文殊菩薩，佇立在面前。

隨後，他請求上師傳授文殊菩薩的灌頂，修習不久，文殊菩薩就常常現身爲他說法。但他不敢輕易確定這些境象是否眞實，唯獨以「一切諸法全是幻化」觀照護持，心中毫無留礙。

稍長，他到衞藏桑朴寺求學。由於他有高人的智慧，所以初學現觀莊嚴論，就獲得「聰智」的美名。後來，他打算遊歷各道場，依「現觀莊嚴論」立宗答辯時，本尊文殊菩薩現身告訴他說：「你應該將自己所擁有的一切資具，供養僧田。」

喇嘛鄔瑪巴問道：

「如果我將它全部供養出去，以後求學的費用怎麼辦呢？」

「這個你不必擔心，自然有寶藏可拿！」

喇嘛鄔瑪巴聽說有寶藏可拿，於是依照本尊所指示，將自己所有的財產，全部供養給其他的出家人，然後請問本尊說：

「現在我已將所有的財產全部供養出去了，但願本尊慈悲，將先前允諾給我的寶藏，卽時賜給我。」

本尊回答說：

「善行就是寶藏。我說『有寶藏可拿』的目的，是勸你捨離世俗財物，斷除名利之貪，專心修善行啦！」

喇嘛鄔瑪巴聽完本尊的解釋，遂捨棄世間事業，隻身前往工布，從鄔僅巴大師（'o-rgyan-pa）請學噶瑪噶舉派密法，和噶舉派大手印等法。學法完成後，他選擇一塊清淨地，一心修持。這時，本尊所示現的身形語言，比以前更清楚，更堅固。

後來，他又到桑耶寺，從錯噶瓦大師學習時輪金剛六種加行。此時，本尊之幻化，愈見明了。他為了確定幻現的眞假，特別請吉祥山童勝喇嘛鑒定。童勝喇嘛以道果教授中的密傳法義加以考問，本尊回答每個問題，都如過去在經續中所說的一樣。因此童勝喇嘛告訴鄔瑪巴說：

「依他的回答看來，是眞正的本尊，不會有什麼問題的。」

有一次，喇嘛鄔瑪巴想到後藏參學。當時後藏有兩位大善知識最有名，到底要依止那一位，一時無法取捨。於是他以此事請問本尊，本尊回答說：

「你儘管去，到喃錯棟時，請問一位出家人就可以了。」

喇嘛鄔瑪巴到了喃錯棟，果然碰到一位出家人。請問之後，這位出家人告訴他說：

「結尊巴惹瓦所證的功德，異常殊勝，如果你依止他，必能獲益。」

結尊巴惹瓦是位出離心非常強烈的人，喇嘛鄔瑪巴以依止他的緣故，也深起出離心，對於現世貪着，逐漸薄弱。

喇嘛鄔瑪巴又由於本尊的教導，前往薩迦寺依止結尊仁達瓦，修學中觀以及戒律。回來途中，路經容地却瓏時，得知宗喀巴大師也在附近，因此立刻前往請教，並依止大師，聽受入中論月稱釋一遍。

本尊文殊師利菩薩，每天早晨必定教導喇嘛鄔瑪巴一個偈頌，從無間缺。本尊又告訴他，身心煩惱那一種最粗猛，就先對治那一種；並一再教導他修出離心、菩提心、正知見的方法。總之，喇嘛鄔瑪巴始終以本尊爲最主要的善知識，一切行止，都依照本尊所教導。他由於外有本尊指導，內又深具信心，勇猛精進，因此所證悟的功德，廣大無邊，難以盡述。

此外，本尊又教導他「三有涅槃平等」之甚深法義，名叫「金剛句」。內容是這樣：

「依種種緣起，當顯眞實義。謂初修皈依，集福淨治障，
修順逆緣起，身語意自性，甚深教授等。修行菩提者，
等住三摩地，身語意蘊聚，斯皆無有我，彼餘我亦無。
修行菩提者，當知無我義，蘊界及諸處，顯空及生死，
涅槃等緣起，斯皆無自性。遠離生住滅，超有無是我，
言說及戲論，無別深寂靜，誰知般涅槃。」

「金剛句」的偈頌雖然不多，却總攝整個三藏的要義，非常寶貴。此文還有長行釋文，存在宗喀巴大師的著作中。

喇嘛鄔瑪巴圓寂火化時，火焰、煙雲都自然形成利劍和青蓮花的形狀（文殊菩薩像的標誌）。火化後的舍利，晶瑩剔透，好像紅黃色的水晶一般（紅黃色是文殊菩薩的身色）。更不可思議的是，有許多舍利，自然連成一個六輻輪，轂輞具全，美好莊嚴。

（四）希有夢相

大師到了達倉（stag-tshang），與結尊仁達瓦、譯經三藏法師札巴堅參（grags-pa rgyal-mtshan，義譯爲名稱幢）、譯師頓桑瓦（don-bzang-ba，義譯爲義賢）等人相會，並互相討論經論教理。

法會中，譯經三藏法師札巴堅參、賈喬貝桑法王（skyabs-mchog dpal-bzang，此人又名殊勝依怙室利跋陀羅，簡稱勝依法王）、結尊仁達瓦，依次上座爲隨來僧衆和原住僧衆，講演顯密經論。會中一切費用，皆由賈喬貝桑法王供給。

法會結束後，結尊仁達瓦和大師移住巴隖巴聶（’ba’u-’ba’-gnyer）。在巴隖巴聶，結尊仁達瓦爲大師詳細講解「集密根本大教王經」（西藏密教中一部很重要的經）一遍。這時，大師聽說却吉貝瓦仁波切（chos-kgyi dpal-ba，義譯爲法吉祥，是布頓仁波切的大弟子之一）非常擅長「時輪金剛」，因此有意前往貢松，依止却吉貝瓦仁波切。

當天晚上，大師做了一個夢。夢中聽到有人說：

「却吉貝瓦仁波切在布頓仁波切座前，聽受『時輪金剛本續』，前後共十七遍。」

一年後，大師謁仰却吉貝瓦仁波切時，請問道：

「請問仁波切，過去您在布頓仁波切座前，聽受『時輪金剛本續』共有多少遍？」

却吉貝瓦仁波切回答說：

「十七遍。」

仁波切說的，恰好與夢中所聞相符，大師因而感到很不可思議，遂對仁波切，油然生起不可言說之信心。

(五) 顯密教法相輔相成

當大師有意專學密法時，許多大善知識勸他說：

「你學密法何必操之過急，現在講授顯教經論，仍然可以利益很多衆生，爲何你不先行講經呢？」

大師回答說：

「依密教所說而修，可以快速圓滿資糧，盡斷二障一切習氣，現身證得無上佛果或金剛持。既然修密法有如是功德，我爲救渡一切有情速離苦，豈可捨此頓超直入大法，而修習其他緩慢法門？講經說法雖然也能利益衆生，但遠不如，成就『速疾施與衆生安樂，和作衆生唯一歸依處』的佛果。所以我想先學密法，再行講述。」

原來當時西藏有很多修學佛法的人，認爲顯密相違，形同水火，學顯教的人不學密法，學密法的人也誹謗顯教。大師本着宿世善根與願力，爲渡衆生安立於顯密相輔相成的教法，所以在學習顯教圓滿之後，發心廣學一切密法。

(六) 中觀正見特具的勝義

大師與喇嘛鄔瑪巴相遇後，常請他代爲傳語，向文殊菩薩請問許多甚深的法義。

有一天，大師自忖道：

「衆生皆因無明，而執迷於名利、財富、聲色等一切之物，所以招致了無窮的痛苦和煩惱；同時更因此而長期處在生死苦海中不停的流轉。

「衆生若要脫離此輪廻苦海，唯有以『無我空慧滅除生死無明』這個辦法；所以說修學佛法的人，如果沒有得到正確的無我空慧，就如同未獲得道命的根本一樣，無論如何精勤地修持，是絕不會有成就的。

「而在各大論師中，能如實通達無我空慧的人，則莫過於佛世尊在許多經典中所授記的聖龍樹菩薩了。聖龍樹菩薩著述中觀等論，能解深義聖教心藏，遠離一切有無二邊，故應依止彼論，求得無我空慧見解。然而想正確的了解它，却相當的困難，如果錯解無我空義，謬執斷見，其過患比執常見還要來得可怕。」

大師想到這裏，爲了追求正確的正見，於是請喇嘛鄔瑪巴代爲傳達，向文殊菩薩請問修正見最關鍵的法要。菩薩回答說：

「修學佛法，不可以對『幻有』和『眞空』兩品法義，持有輕重不同的看法。如果是初學者，則應該特別重視幻有。因爲如果誤解空義而成斷滅見的話，一定會撥滅因果，毀謗世俗諦。這種毀謗佛法的過失，比執『常有』還要大。如果世俗諦被破壞，勝義諦也就不存在了。『幻有』和『眞空』，必須互相依立，破壞其中一種，必定破壞另外一種。所以說，二諦都是緣起法（觀待施設之緣起），這就是中觀見所特具的勝義。」

（當時有些人認爲「全無所見」就是中觀正見，所以菩薩針對這點加以破斥。）

（七）文殊菩薩的教誡

後來大師移住噶瓦棟寺時，又一再請問文殊菩薩有關中觀見之甚深緣起法。文殊菩薩因而爲大師略講中觀月稱派、中觀清辯派之間見解的主要差異。比如俱生我執和分別我執，是如何計着這個「我」（實執）；以比量智所破的粗細界線；通達正見的量度；月稱派善巧建立世俗諦的方法等。另外，菩薩又略說波羅蜜乘（顯教）、金剛乘（密教）之間共道和不共道的差別；金剛乘無上密部「集密金剛」之圓滿次第中，五種次第的體性、次序、數目決定等。這些都是極爲甚深的法義。

大師聽了，又請問菩薩說：

「這些道理，現在我還不太明白，請菩薩慈悲，能再詳細爲我指導。」

菩薩囑咐說：

「這些甚深的道理，的確不容易明白。你現在暫時把它記下來，然後再殷勤祈禱上師、本尊加持，修本尊法，積集資糧，淨治罪障，詳細閱讀經論。最重要的是不要間斷，不要懈怠，以我所說的要點做增上緣。這樣不必經過多久，卽能通達甚深奧義的。」

大師又問說：

「如今西藏中，能教授龍樹菩薩的中觀正見，和集密等甚深法義的人，那一位最適宜？」

菩薩回答說：

「最適當的人選，莫過於仁達瓦了。但他仍然無法斷除你的疑念，唯一的辦法，只有依靠鄔瑪巴傳達，由我親自教導最好。但鄔瑪巴不久之後，卽將返回西康，所以你暫時不要講授佛法，先找個清淨地專心修持，過些時候自然會明白。」

大師接着又問說：

「月稱論師所解釋的龍樹中觀論義，是不是一點錯誤都沒有？」

菩薩說：

「月稱是上方世界中，最有慧力的大菩薩。他爲了光顯龍樹正宗，特地到這個世界來受生，因此他所解釋的龍樹中觀正義，不論是顯是密，完全沒有錯誤。你必須消除疑念，決定信受。」

此時，喇嘛鄔瑪巴也請問菩薩說：

「宗喀巴大師年紀還小，智慧又超羣，現在如果專事講授經論，必能發揚正法。如果他驟然捨事專修，別人一定會責怪我。所以，請菩薩還是讓他繼續弘法的好。」

菩薩回答說：

「以那一種方式可以住持正法，利益衆生，並不是你所能了解的。如果別人因此事而誹謗你，你就應該修忍辱。他（大師）不久之後，將會遭受生命的魔害，如果此時不專修對治法，壽命恐怕不長。他的生命如果這樣匆匆消逝，就無法建立聖教，眞實利益衆生。所以他目前第一要務，卽是捨事專修，這也是唯一最好的辦法。」

大師聽了本尊的教誡，遂決意專學密法，捨事靜修。

讚曰：「魔障纏身業力根，愚痴慧淺習邪門；
欲成無上菩提者，須學中觀正見論。」

七、正確專學　完整密法

（一）即身成佛之相

大師爲了專修對治生命的魔害，於是在庚午年秋天，前往第欽寺（sde-chen，在江孜地區），朝謁布頓仁波切的上首弟子却吉貝瓦仁波切。

初見面時，大師供養却吉貝瓦仁波切一幅黃綢哈達，第二天早上，又供養一匹鸚鵡綠緞，然後祈請仁波切講授「時輪金剛經大疏」和修行事相。當時仁波切正好講完「時輪金剛經大疏」的初品，因此很高興的對大師說：

「你學法的緣起（預兆）眞好。你昨晚供養的哈達是黃色，順於地界收攝次第相，這個徵兆，表示你修持圓滿次第，必能得到最究竟位。今天供養的緞是綠色，順於空界生起次第相，這個徵兆，表示你修持生起次第，也能達到最究竟位。這些瑞相，在在顯示你這一生必能即身成佛。現在你正好又遇上，即將開講第二品第一句『若爲成熟諸大人故』的經文，這個徵兆特別好，表示你將住持正法，饒益無邊衆生。因爲你有這樣殊勝的因緣，所以我一定要讓你一切都得到圓滿。」

仁波切說完，繼續講大疏的第二品。整部大疏講完之後，仁波切又爲大師重新講第一品。

却吉貝瓦仁波切最擅長「時輪金剛」，他曾在布頓仁波切（布頓仁波切是當時西藏最善巧解釋「時輪金剛經」的大師）座前聽聞「時輪」，前後達十七次，盡得玄奧。因此大師依止仁波切，學習「時輪金剛經大疏」、「修行事相」、「六加行法」等，一切都很圓滿。

（二）希有灌頂相

大師學習「時輪金剛」獲得善巧後，打算再學所有瑜伽部的傳承、解釋和事相等法。因他認為在未學經以前，應該先學好事相，所以在辛未年（一三九一，大師三十五歲）夏天，前往墀雜康（'khris-rtsva-khang，地在江孜、日喀則之間，白蘭宗附近），從布頓仁波切司供儀者（俗稱香燈，最熟悉密法事相的人）策旺（tshe-dbang）之弟子袞桑瓦（mgon-bzang-ba，布頓仁波切之再傳弟子），學習「金剛界」及「金剛頂」等瑜伽部，一切大小曼陀羅的畫規、舞讚、結壇、結印等，事事都學得非常精熟。

大師住墀雜康時，有一天夜裏，夢見一位年紀很大的出家人，頭上戴着五佛冠，右手執杵，左手執鈴，坐在一座高大而莊嚴的寶座上。這位喇嘛，名叫傾薄雷巴（khyung-po-lhas-pa，義譯為童子福，也是布頓仁波切的上首弟子）。夢中，大師坐在喇嘛的前面。

忽然間，喇嘛站了起來，振鈴擲杵，作金剛步法，右繞大師三圈。這時大師的念珠，自然發出「鄂噶巴績噶巴」等咒聲。接着，喇嘛把鈴杵放在大師的頭上，唱道：

「羯摩跋究囉」

喇嘛唱完，又回到原座。

（此夢是灌頂相）

大師醒來之後，全身感到非常舒適，心想：

「過去頓珠仁欽仁波切，為我取的密號叫不空金剛，這次夢中又叫業金剛，這些都是羯摩部的名稱，兩個名字非常契合。」

壬申年（一三九二，大師三十六歲）春天，大師又回到却吉貝瓦仁波切座前，請受無畏生論師傳來的「金剛曼四十五大曼陀羅」之灌頂法、傳承、密授、指導、舞讚、畫壇等一切事相。此外，更受大輪金剛手無上密法的大灌頂。

（三）獲得圓滿法要

壬申年秋末，有一天晚上，大師夢見傾薄雷巴，以賢善坐姿（跟一般人坐椅子一樣，兩脚着地）坐在寶座上，正在為大衆說法。大師亦在喇嘛座前。忽然間，傾薄雷巴拉開上衣，露出胸部給大師看，大師見喇嘛心中有許多咒輪，文字炳然，因此毫不費力的把咒語全部讀出來。

（此夢是授德相）

大師見此種種瑞相，遂依夢兆前往霞魯寺（sha-lu），依止傾薄雷巴仁波切學法。當大師拜謁仁波切時，發現他本人和夢中所見的完全一樣，因此對仁波切，深生無比的信敬心。

大師以意樂加行承事師長，先受瑜伽部大曼陀羅的灌頂，並學大白傘蓋、三三昧耶、十一面觀音、金剛摧壞、阿彌陀佛等事部密法，與大日如來等行部密法。至此，大師已把當時西藏所有下三部的清淨灌頂，完全學訖。關於無上瑜伽密法的部分，大師也從仁波切受學「集密」龍猛派，「勝樂」盧伊巴派、黑行派等無量法義。

傾薄雷巴仁波切每傳一法時，都很詳盡地敘述這個法，當初是某某上師如何的慈悲、如何的歡喜而傳下來的。傳法完成之後，總是說：

「如今密法已歸主，我雖死而無憾矣！」

仁波切過去曾向聖光和布頓兩位大師學習密法，所得的教授，有如大海般的廣大。這一切密法，仁波切均毫無吝惜的盡授給宗喀巴大師。這或許是仁波切早知大師，是一切衆生的眞正依怙主吧！

大師在此學法完成後，又回到却吉貝瓦仁波切座前，聽受「金剛心釋」、「那若大疏」及「集密金剛」龍猛、智足兩派的解釋。同時又依止三藏大法師堅參扎巴（rgyal-mtshan grags-pa）抉擇瑜伽密義，並兼受布頓仁波切所著的「金剛出生經大疏」、「瑜伽根本經」、「金剛頂經」等無量教法。

（四）文殊菩薩現身灌頂

壬申年秋天（一三九二，大師三十六歲。這裏傳記寫的是一三九二年，但是如果按照季節推算，應該是一三九三年，而且下二年的記事特別少，所以恐怕有錯誤。）大師和喇嘛鄔瑪巴同往拉薩大招寺，朝禮釋迦佛像，並陳設供養，發廣大願，祈求正法永久住世，衆生悉安住於清淨佛刹。

大師和喇嘛鄔瑪巴發清淨願後，又同往噶瓦棟寺（dga'-ba-gdong），閉關靜修。此時，兩人雖分別設立密壇修持，但飲食、起居等事，則同聚在一起。因此大師常請喇嘛鄔瑪巴傳語，向本尊請問許多甚深的疑難法義，並聽聞本尊所說的無量妙法。

這樣經過了好幾次，大師自忖道：

「我每次都須麻煩喇嘛鄔瑪巴，這樣不管是對他或是對我來講，實在有許多不方便的地方。今後我應該自己勤求本尊現身，直接請問法義才好。」

大師想畢，立刻殷勤祈請，精進修持。這樣經過沒多少天，忽然見到壇城中，有一座曼陀羅，寶藍的色彩，鮮美極了。曼陀羅的質地，光明淨潔，有如透明的琉璃。曼陀羅上方，有紅、白、黃、藍、綠五色霞網鬘。霞光中間，有紅黃文殊菩薩，結跏趺坐，相好莊嚴，非人類所能想像。

大師看到如此希有的景像，不禁心喜，趕快跑來告訴喇嘛鄔瑪巴。鄔瑪巴笑着說：

「你大概是看到本尊了吧！」

自此以後，大師每次想見本尊時，只要懇切祈禱，須臾間，菩薩立刻現身（此種境界，乃大師所自述也）。

有一次，文殊菩薩請喇嘛鄔瑪巴傳述，親自替大師傳大威德金剛等多種灌頂。灌頂時，大師親眼見到菩薩剎那間，示現所要灌頂的本尊形像，然後才替他灌頂。

閉關期間，大師又從喇嘛鄔瑪巴那邊，聽聞菩薩過去所親自教導鄔瑪巴的無量教法。

讚曰：「精通三藏理眞圓，繼學金剛灌頂傳；
行作瑜伽無上密，淵源大法得歸賢。」

八、精進閉關　修證功德

（一）送別喇嘛鄔瑪巴

壬申年秋末，喇嘛鄔瑪巴打算回西康，大師替他送行到拉薩。一路上，大師回想鄔瑪巴所給的恩德時，不禁潸潸淚下。三、四年來，由於鄔瑪巴的傳述，才能得到文殊菩薩親教的無量法義，如今一旦分別，不知能否再相見？大師想到這裏，心裏有無比的悵惘。

大師爲了再請問文殊菩薩有關修行的最極要義，因此與喇嘛鄔瑪巴同往大招寺，廣陳供養，殷誠啓請。刹那間，文殊菩薩再度現殊妙身，爲大師說許多甚深法義。大師全部把它記下來，存在大師的著作中。

這時，大師又從喇嘛鄔瑪巴，請受集密、不動如來等四種大灌頂。灌頂完成，兩人眞誠互道珍重後，才依依不捨的離開。喇嘛鄔瑪巴回西康，大師前往覺摩壠。

（二）前往阿喀靜修

大師修學密法，至今已全部圓滿，遂決定遵照本尊之指示，暫時放下弘法的事務，閉關專修。

大師住噶瓦棟時，曾由喇嘛鄔瑪巴代爲請問本尊，問他將來閉關專修時，應帶那些弟子共修較適宜，本尊證莂（以佛眼觀察未來之種種因緣後，而所作的預言），叫大師携帶勝賢、覺師子、寶幢、賢護、妙吉祥海慧、妙德吉祥、慧稱、勝護等八人同往修持。

壬申年十月間，大師偕此八位弟子，自覺摩壠乘船到阿喀却壠('ol-kha chos-lung，在闡地以東的一個河谷），在極清淨的地方專修六個月，前後歷經冬春兩季。

由於大師師徒持戒精嚴，舉止安詳，因而引生阿喀官家的信敬，供養閉關時一切生活所需。

㈢ 四力懺悔

初閉關時，大師心想：

「修行最大的障礙，就是往昔所造的罪障習氣，它覆蓋着清淨心，使深道殊勝功德難以生起，又修行人若無廣大的福德資糧，任他如何勤修智慧，也無法證得清淨的佛位。因此，修行的基礎，首重淨治罪障，積集福德資糧。

「開示四法經云：『慈氏，若諸菩薩摩訶薩，成就四法，則能映覆諸惡已作增長。何等爲四？謂能破壞現行（拔除力）、對治現行（對治力）、遮止罪惡（防護力）及依止力。』所以淨治罪障，須依四力懺悔。

㈠拔除力

修行人要對自己無始以來所造的種種罪障，一一發露，痛加懺悔，決心改過。好比病人犯了絕症，急求離病一樣。

㈡依止力

修行人要念念皈依上師三寶，須臾不離，以上師三寶爲眞實救護處；又應發廣大菩提心，誓願學習諸大菩薩的廣大心行，擔負衆生無知所犯的罪障。好比患病的人，若想治好病症，必須依靠高明的醫生，和對症下藥的藥方一樣。

㈢對治力

修行人要想除去罪障，必須依靠種種方法，如：

①依止甚深經典，勝解空義，了知衆生本來就有清淨的心，和罪性本空的道理，並相信只要如法痛加懺悔，罪障絕對可以清淨。

②依照儀軌如法持誦百字明咒，或其他殊勝陀羅尼，並深信本尊有清除罪障的力量。

③供養諸佛、造立佛像，把所有功德迴向一切衆生，願衆生一切痛苦罪障永遠枯竭。

④聽聞受持諸佛名號、諸大佛子所有名號，以及念佛之身口意功德，深心嚮往，一意向學。

這些方法，就好像患病的人，若想除去疾苦，必須服藥、打針、針灸一樣。

㈣防護力

修行人，須嚴謹守護六根，靜息十種不善，寧死不再重犯。這好比患病的人，雖然病好了，仍須注意飲食起居，小心防護，才不致誤犯一樣。

「雖然淨治惡障的方法有很多，但如能具足以上所說的四力，則能事、理不偏廢，圓滿一切對治。」

因此大師與諸弟子們，一開始閉關，就同依此四力門，勵力懺悔業障，不敢懈怠。

（當時西藏有些修學佛法的人，由於誤解經義，往往對於最根本的事懺不屑一顧，而專騖理懺，認爲只要不思善不思惡，或只念過去心不可得、現在心不可得、未來心不可得，就可消除一切罪障。結果有許多人，一旦業果來臨時，無不搥胸頓脚，悔恨交加，但爲時已晚矣！）

(四) 修曼陀羅供

曼陀羅是印度話，義譯爲中圍。中圍有很多種解釋，其中有認爲「中」代表心，「圍」代表取；中圍的意思就是隨自己內心的運作，取最喜愛的物品來供養。另外也有人認爲，「中」就是須彌山，「圍」就是四大部洲；中圍就是取三千大千世界，和所有的七珍八寶拿來供養的意思。

修曼陀羅供一法，卽具足佈施、持戒、忍辱、精進、禪定、般若（智慧）等六度法，是積集資糧最殊勝的法門。所以印度和西藏的修行人，沒有不修曼陀羅供的。尤其學金剛乘的人，更列爲四加行之一，其重要由此可見。

修曼陀羅供的方法，是先以左手握一些米（或用豆、小麥等），執持曼陀羅的底邊，再用右手抓一把米，依照儀軌撒在曼陀羅盤上，一邊撒，一邊誦讚，再以雙手捧舉曼陀羅，誦咒供養。然後將米倒掉，用右手腕部把曼陀羅盤擦乾淨，重新換米再修。

大師閉關時，以四方磐石作曼陀羅供。修持時，由於殷重至誠，勇猛精進，以致指尖全部破裂，腕部皮開肉綻，隱約可見白骨。本來曼陀羅盤上不清潔的地方，是用氈布等物擦拭的，但大師認爲，修行如想儘快消除罪障，圓滿資糧，當以極難苦行擦拭曼陀羅。因此大師開始修這個法時，先以腕部的前沿擦拭曼陀羅；磨破了，則用腕部的側面擦拭；腕側又磨破了，更以腕背擦拭。這樣，大師雖至兩腕全毀，痛苦椎心，却仍精進修持，努力不輟。

由於大師這種修法，能獲得無量不可思議的功德，所以後來西藏不分那個教派，全部仿照大師的修法，以極難苦行，力修曼陀羅供。

（五）三十五佛現全身

大師閉關專修時，又在一塊石板上，以大禮拜禮三十五佛。

大禮拜是禮佛之最恭敬禮，它不同於一般屈膝蜷體的跪拜。修大禮拜時，膝蓋不彎，兩手先着地，然後平身向前推進，直到整個身體伏貼地面後，頭額才碰地。修三十五佛懺，是一邊禮拜，一邊誦三十五佛名。因大師禮佛修懺不畏艱苦，一味精進，以致手足俱裂，並在石板上留下手腳膜拜的凹痕，和頭額的印紋。

大師禮拜三十五佛時，常感三十五佛現身加持。然而他每次所見到的三十五佛，却全部沒有頭部。他覺得很奇怪，因此就此事請問本尊。本尊回答說：

「因爲你所稱念的佛號不具全，憶念佛的功德不圓滿，所以無法見到諸佛之圓滿相。以後你必須在佛號前面，加誦『如來、應供、正偏知、明行足、善逝、世間解、無上士調御丈夫、天人師、佛、世尊』，如此方能見到全身的佛相。」

大師自此以後，每次修懺時，都遵照本尊所教，如法念誦，果然每次都可看到三十五佛的圓滿相，尊尊光明相好，莊嚴無比。於是大師依此，造三十五佛懺的修觀儀軌。

在此之前，印度和西藏的修行人，所謂修三十五佛懺，只能依菩薩墮懺的儀文，一邊誦佛，一邊禮拜，而無觀修之法。自從宗喀巴大師造修觀儀軌之後，修法才算圓滿，功德更爲殊勝。

（六）難行能行

大師常利用修持剩下來的時間，閱讀華嚴經。閱經以後，便以大菩提心，一一修習經中所說的大願大行。

華嚴經中所說的菩薩行，對象廣，願心深，境界大，理念達於最高之境界。修學者若無極大的勇氣，與無比的擔當和廣潤的胸懷，是絕對不能發起大心，乃至做到這種無盡悲願的。大師最初修習時，雖然稍感困難，但他意樂猛決，勇悍無比，因此逐漸純熟，終至對諸菩薩的廣大心行，不加費力自然能修。縱使是一種最難思議，又最難行的事，也不生起怯弱之心，還感到猛利歡喜。

大師認爲，卽身成佛這種大事，必須這樣猛利修學，否則是絕無法成就的。

（七）證無量不可思議的功德

大師求道心甚堅，閉關專修時，雖至疲憊不堪，仍不敢稍有懈怠，一意嚴謹苦行。所以他在這段專修期間（壬申年冬在阿喀，癸酉年冬移往達布 dvags-po 地區的門壠 sman-lung），曾獲得許多佛菩薩的現身加持，和證無量不可思議的功德。

在阿喀時，大師曾見彌勒菩薩現高大身，全身純金色，於寶座上結跏趺坐。身上有種種寶物作爲莊嚴，兩手當心，各執持一莖烏巴拉花，作雙轉法輪印。此外，又見釋迦牟尼佛、藥師佛，身披黃色法衣；見無量壽如來宣說種種法音，無量海會聖衆菩薩層層圍繞；見彌勒菩薩賢善坐相，身披袈裟，手拿龍樹之花，花上有淨水寶瓶，及千輻輪。

在達布門巃時，大師見文殊菩薩現廣大身，威德巍巍，四周有無量海會聖衆圍繞。又見聖解脫母、聖尊勝母、聖光明母、聖白傘蓋佛母等一切本尊。更見龍樹、提婆、佛護、龍智、月稱等深觀派的一切宗師；無着、世親、陳那、法稱、功德光、釋迦光、天王慧、蓮花戒等廣行派的一切大師。同時，還見到造箭等八十四位神通大成就者。

大師雖然獲得如此希有難得的境界，但他仍然認爲這些境象，全是意識所幻化，不可執實，因此時時以「諸法如幻」觀照自心，毫無留礙。

這時，文殊菩薩現身教導他說：

「這種境界非比尋常，而是諸佛菩薩攝受之相。你應該至心向他們懇禱，祈賜一切成就，如此自然能得到自他二種究竟的利益。」

過了不久，大師又見到大威德金剛，身大威嚴，頭部和各個手臂，都圓滿無缺。又有一次，見文殊菩薩結跏趺坐，四周有無量不可思議的聖衆圍繞。菩薩心中，突然生出一口利劍，劍身逐漸增長，劍尖終至抵住大師的心窩。菩薩心中，又湧出黃白色的甘露，順着閃閃發光的劍面，徐徐流入大師的體內。此時，大師頓然感到全身舒暢，充滿無漏妙樂。

讚曰：「四力業消懺悔根，修持禮拜福增源；

如來示現莊嚴相，成就菩提殊勝門。」

九、作諸佛事　本尊授記

（一）重修彌勒菩薩殿

大師在專修時，本尊曾囑咐他，務必修復日漸頹壞之彌勒菩薩殿；菩薩殿若恢復舊觀，對於弘法事業和振興戒律，都有極密切的因緣。大師遂遵從教誡，於甲戌年（一三九四，大師三十八歲）春天，前往阿喀。

阿喀精其（rdzing-phyi，精其在阿喀宗沿河往北十幾里的地方）彌勒菩薩殿，於十世紀由噶爾米・雲丹永仲（gar-mi you tang yung-drung，他是「集論」傳承人之一）所創建。當初殿宇巍峩，雕樑畫棟，極盡人工之妙，氣派十分雄偉。四周牆壁，安奉許多莊嚴的佛像，和絢麗的彩畫。彌勒菩薩相好具足，慈顏如生，身量約與人相等。此尊菩薩很靈異，有大加持力，如果能在聖像前至心祈禱，都能滿願。當時菩薩殿施供雲集，法筵不斷，寺院不乏碩學俊彥之士；可惜到了末世，正法衰微，因無人整理培修，如今殿堂已慢慢腐壞，四壁色彩淡褪，牆土剝落，佛像積滿厚厚的塵埃，和斑斑鳥糞。大師目覩如此凋零的景象，不禁悲從中來，潸潸淚下。

為了修復菩薩殿，大師四處奔走，勸化集資。阿喀官家善根深厚，見大師之種種德儀，深心仰慕，因而協助大師，負責整修大殿之牆壁、屋頂和地基等。至於牆壁彩畫的部分，則由大師自己負責。

當時師徒十二人（在阿喀專修時，又多加三名），把各人所擁有的資具聚集起來，連法器在內，總共才有銀子一兩二錢。這些數字，離預計費用尙差很遠，因此大師打算祈求財寶天王協助，奈何又缺乏燃燈的酥油。大家正感一籌莫展時，幸好遇上一位出家人，贈送他們一包酥油，才湊足了供財神的因緣。

供養時，大師至心向財寶天王祈禱，乞求鼎力協助修復菩薩殿，以利弘揚正法，饒益衆生。果然精誠所至，獲得了感應。第二天，四方前來供養的人，有如風起雲湧，在短短時間內，所供養的物品，就已堆積如山了。從此以後，一切費用，未嘗缺乏。

修建時，大師遠從雅壠請來畫師，擔任菩薩殿的彩畫工作。大師要求畫師們，於沐浴齋戒後，一律口誦眞言，專心作畫。從旁協助的人，也必須一邊誦祈願偈，一邊工作，不准閒言雜語。

大師又遵照文殊師利菩薩的囑咐，以十方諸佛爲彌勒菩薩灌頂之事爲主，著述「寶光明炬」，稱讚彌勒菩薩之種種希有功德。同時，大師也作了一篇文字優美，詞意懇切的「極樂願文」。

由於十方諸佛的加被，龍天的護持，修復菩薩殿的工作，因而進行得非常順利。開工不久，就完成了「文殊菩薩嚴淨國土」圖。大師替這幅圖開光時，有很多人看見文殊菩薩進入圖中，與畫像合而爲一。當天夜晚供以酥燈，油量雖然很小，却能燃到第二天中午。因此，衆人對這幅圖的加持力，心中都湧起無比的信敬。

畫三十五佛圖像時，因畫師沒有畫稿可資參考，又不知諸佛的身色和手印，以致無法動筆。後來畫師將這件事禀告大師，大師聽了，立刻設供向諸佛至誠祈禱。剎那間，三十五佛現殊妙身，全部住於虛空中。畫師親眼看到這樣不可思議的事，心中感到又驚又喜，於是以最恭敬之心，把這景象，一絲不苟的全描繪下來。這是西藏自古以來第一幅三十五佛圖像。目前西藏佛教各教派所採用的三十五佛圖像，都以此爲藍本（三十五佛像，臺北佛教書局也有流通）。

修復菩薩殿全部竣工之後，大師建立文殊師利秘密大曼陀羅，爲一切聖像作一次總開光。開光那天，跟平常的日子不一樣，時間顯得特別長，雖然當天須要完成的事情很繁雜，但都能如期完成。這種無法解釋的瑞兆，至今仍爲人們所津津樂道，嘆爲希有。

就在這個時候，南喀堅參仁波切（nam-mkha' rgyal-mtshan, 1326–1402，義譯爲虛空幢）在羅札（lho-brag，地區名，地在羊卓雍湖以南偏東），見虛空中有七尊佛，緩緩飄向北方。仁波切啓白諸佛說：

「請問世尊，你們到那裏啊？」

諸佛回答說：

「今天精其菩薩殿開光，我們應邀前去的。」

後來南喀堅參仁波切會見大師時，無意中談起這件事，才知道那一天，原來是大師在精其爲彌勒菩薩殿開光。

(二) 互爲師徒

某日，一位白色女子告訴南喀堅參仁波切說：

「有一位大德，心量廣大，德學深宏，外安住嚴淨律儀，內修二次第瑜伽，目前正在精其爲彌勒聖像開光。他所證的功德，和至尊文殊師利菩薩沒有差別。前十五生中，你和他有極密切的因緣，卽使是這一生，你倆也應該互爲師徒。今後，你應該把自己所請到的各種教授，毫無吝惜的全部傳授給他。同時也應該向他請求各種修學的法要。」

仁波切知道這是本尊的記莂，因此心懷無限喜悅，殷勤垂請大師能與他相見。

乙亥年（一三九五，大師三十九歲）六月四日，大師應南喀堅參仁波切之請，自阿喀前往羅札。

當大師抵達卓瓦寺（bgro-badgon-po）時，南喀堅參仁波切看他是殊妙莊嚴的文殊師利菩薩，身旁有各種圓光圍繞。大師看仁波切，則是身形魁梧的金剛手菩薩，腹輪圓滿，全身深藍色，聖潔光明，就像藍色的琉璃一樣。他的身上又圍繞有許多青蛇作為莊嚴，呈現忿怒像。

大師和南喀堅參仁波切一見面，都油然生起微妙的親切感，如同多年不見的老友一樣。因此兩人都很興奮，一陣殷切的問候後，才相隨入寺。

當天晚上，大師向仁波切請受喇嘛瑜伽。講授時，師徒兩人都看到金剛手菩薩，進入大師的身中。

第二天清晨，仁波切聽到空中有聲音告訴他說：

「你何不向彌勒菩薩祈求，請他親自講演『集菩薩學論』？」

仁波切聽了本尊的指導，隨即謹遵法示，請求大師宣講「集菩薩學論」。大師問他說：

「是本尊授記的嗎？」

仁波切回答說：

「是的。」

大師因此為南喀堅參仁波切，以及羅札地區所有的出家衆，講演「集菩薩學論」等法。講演時，仁波切見大師頭頂上的虛空中，有彌勒菩薩；右肩上，有白色文殊菩薩；左肩上，有妙音天女。在諸菩薩的四周圍，有四臂、八臂等一切護法聖衆，圍繞護持。講堂內外虛空中，更有許多天龍八部在聽法。

講授圓滿之後，大師又為南喀堅參仁波切單獨一個人，傳授馬頭明王、金剛手菩薩、大孔雀明王等密法。大師則從仁波切，修學噶當教授派所傳之「菩提道次第」。請法時，大師見仁波切頭頂上，有釋迦牟尼佛；右肩上，有金剛手菩薩；左肩上，有大白傘蓋佛母等瑞相。

大師和南喀堅參仁波切，就這樣互為傳授無量法要，有如入聚寶山，滿載而歸，因此兩人都歡喜異常，雀躍不已。

(三) 南喀堅參仁波切的成就

南喀堅參仁波切是修金剛手獲得成就的大師，本尊金剛手菩薩，每天都為他說法。仁波切如果坐在室中仔細觀察壇城，就能見到五百世以前的事，歷歷如繪。平常看到壇城，卽使是極短暫的一瞥，乃至在夢中見到，也能囘憶起十六世以前的事，不會忘記。住在卓瓦寺（南喀堅參仁波切住的地方）附近的居民，平日一舉一動，或是起心動念，仁波切無不一清二楚。如果有人想做非法的事，仁波切立卽叫他對治，直到他平息惡念為止。如果有人遭受非人之損害，只要憶念仁波切的形象，或稱念他的名號，都能得到救護。

總之，仁波切所證的殊勝功德，有無量無數之多，是難以描述得盡的。

(四) 金剛手菩薩的記莂

大師住羅札時，常常請南喀堅參仁波切代爲傳述，向金剛手菩薩請教許多疑難問題。

有一次，大師告訴仁波切說：

「我有一些自心上的見解，尙未全部斷疑，爲求得中觀正見，及集密、勝樂等法故，我想到印度參訪龍智菩薩，並到樹山謁見密多羅大師。不知此行，有障礙沒有？」

仁波切就此問題，代問金剛手菩薩後，告訴大師說：

「關於你要到印度的事，我已請問過本尊了。你此行到印度參訪龍智菩薩和謁見密多羅大師，完全沒有障礙，而且將成爲善巧五明的大論師，作金剛座大菩提寺的住持，利益不少衆生。但你的壽命會減短，你的徒衆，因只是大乘資糧道和加行道位的菩薩，也大都有壽命的留難。所以你留在西藏比去印度好，如果你留在西藏，只要勤修文殊菩薩本尊法，也能得到正確的中觀見，同時還能住持聖教，利益無邊的衆生。」

大師聽了金剛手菩薩的教誨，爲了住持聖教，因而打消到印度的念頭。後來西藏佛教，就是全靠大師留在西藏，而能發揚光大的。

此後，金剛手菩薩又一再爲大師釋疑。大師將菩薩的開示編成語錄，取名叫「甘露勝藥」。

金剛手菩薩又授記，勸大師作精其彌勒菩薩讚（讚名叫「梵冠」）；並供養彌勒菩薩一套出家人所用的衣鉢（即是把呈報身相的彌勒菩薩，改成出家相），以作爲末法時代弘揚戒律的大因緣。又說，大師在四十五歲時，將有輕微的壽命留難。菩薩爲了消除大師的障難，親自爲他傳授大輪甘露滴甚深生滿次第。

金剛手菩薩又特別爲大師授記說：

「你現在應前往撈日山朝謁聖跡，這樣會給聖教和衆生帶來廣大的利益。不久之後，你會因印度一位大善知識的出現（指佛護論師），以及閱讀他的著作（指中論釋），而獲得甚深空義。這段期間，你可以兼講法義教化衆生。」

由於金剛手菩薩的教誡，所以大師住羅札時，也兼爲羅札一帶的僧俗，宣講許多教法，利益無邊有情。

（五）無上清淨見

丙子年（一三九六，大師四十歲）春天，大師由羅札經聶地（gnyal，在賈域宗以西偏北）至羅熱（lo-ro，在賈域宗以西偏南），專修五個月。

當大師路經聶地時，因久仰却交桑布大師（chos-skyabs bzang-po，噶當派中教典派的傳人）廣大智慧的盛名，所以到札廓（bra-gor，地名兼寺名。寺爲噶當派古寺）拜望他。

却交桑布大師在前一天夜晚，夢見一位慈祥莊重的出家人，說是阿底峽尊者，他將到家裏來。却交桑布大師醒來之後，自忖道：

「今天必有傳授阿底峽尊者之傳承和教義的人來，我應預設法座。」於是他起了個絕早，安排衆僧，打掃房舍，陳設法座，一切供養物品，排列得井然有序。不到中午時分，宗喀巴大師便來到寺中了。

兩人見面時，却交桑布大師見宗喀巴大師，宛如阿底峽尊者一般，心中因而湧出一股無比歡喜，遂以三疋緞供養宗喀巴大師，祈請宗喀巴大師傳授法義。宗喀巴大師說：

「在光明如日之大善知識前，我就像螢火般的渺小，如此怎敢高居法座講法呢？但願大師先教我吧！」

由於宗喀巴大師再三推辭，因此却交桑布大師就先爲大師，講授噶當派中教典派所傳之「菩提道炬論」等無量法義。然後才由大師爲却交桑布大師，講授阿底峽尊者之教授（口授的指示），和「集密五種次第」法。接着，却交桑布大師又爲大師，傳授卓壠巴之「聖教次第」，以及廣釋。（卓壠巴 gro-lung-pa，卓壠是地名，卓壠巴是卓壠上的人的意思。他的本名叫羅追迥乃，是阿底峽尊者三傳弟子，著有「道次第」、「教次第」等多種書籍。「教次第」「道次第」是後來大師著述「菩提道次第廣論」的藍本。）

當大師離開札廓後，却交桑布大師隨即依照大師所傳之正見修持。但他覺得與先前所修的法義格格不入，很難生起正見，因此請問本尊不動如來說：

「請問本尊，宗喀巴大師所傳之法義，到底是何種見解呢？」

不動如來回答說：

「這是清淨見。雖是最高深之無上密法，也不能超出這種見解。以後你應該依此清淨正見來修持。」

却交桑布大師又問說：

「如果是這樣，那麼錯拏瓦所傳的法義（却交桑布大師先前所修的法義，就是錯拏瓦傳授的），又是何種見解？」

不動如來回答說：

「那只是生起龍樹菩薩正見之加行法罷了。」

却交桑布大師聽了本尊的指導，遂決意閉關，專修大師所傳之法義。初閉關時，指着臺階發願說：

「如果我不證得不退轉相，絕不下此一臺階。」

却交桑布大師如是精進修持，過了不久，果眞證得了不退轉相。

有一次，宗喀巴大師再度前往札廓時，却交桑布大師即以通力預先了知，當天叫幾個徒衆準備車馬前往迎接。碰面時，大師跟他們道賀說：

「恭禧呀！令師終於達成願望，證得不退轉相啦！」

後來，却交桑布大師又向宗喀巴大師，請教許多清淨無垢的法義。

（六）諸佛菩薩的加持與授記

丙子年夏末，大師住聶地東部之雅珍寺（yar-'dren）。這時，大師之常隨弟子，已增至三十多人。

有一天，師徒同往撈日山（tsa-ri，聶地以東的一座有名「神山」）。靠近洛瑜地區，即晚近藏人仍每隔十二年朝拜一次的撈日山）朝拜聖蹟。大師在撈日山，曾見勝樂輪和一切護法等聖相，證得無量甚深法義。回途經摩囉山時，又見彌勒菩薩現高大身，威德赫然，告訴大師說：

「善男子，你的功德如同諸佛示現在世間一樣，將是無量衆生的大依怙，你應當明白啊！」

大師回到聶地東部，即住在僧格宗（seng-ge rdzong），專修時輪金剛圓滿次第，及其六種支分等法。沒多久，就獲得廣大觀察智慧，對於許多甚深微細的疑惑，有了決定性的見解；對時輪金剛一切密法，也明瞭無餘，無所紊亂。此外，更獲得獅子般的無畏辯才。

自此以後，時輪金剛即屢爲現身，並稱讚大師說：

「你修時輪金剛所證的功德，如同月賢法王再來一樣，極爲難得。」

這段期間，妙音天女也爲大師授記說：

「你的壽命只能活到五十七歲，所以應及時做些對自己和別人都有實際利益的廣大事業。」

大師問她說：

「修尊勝佛母等法的儀軌，不就可以延長壽命了嗎？」

天女回答說：

「一般人修這些密法是可以延長壽命的。但由於你過去世的願力，和深深喜樂觀慧力的緣故，所以修這些密法，只能成爲增長你智慧的因緣，對延長壽命恐怕沒有實質的幫助。」

文殊師利菩薩則勸大師說：

「無論如何，今後你還是要專修對治留難的密法，雖然極爲艱苦，但仍然是可以遮止的。」（妙音天女和文殊師利菩薩的授記，乍然看起來好像有衝突的地方，其實這是兩位菩薩的慈悲，他們以酬唱方式的善巧授記，來作爲大師修法的增上緣。）

後來大師在五十四到五十八歲之間，遵照菩薩所囑咐，專修對治壽難的密法，果然剋制了惡魔的挑釁。

大師住僧格宗時，又一再向文殊師利菩薩問些有關道的體相（自體和徵相）、次第（先後階位）、數量（那一階段包含那些東西）等甚深問題。菩薩回答說：

「這些問題，你不必再時常問我，你只要用心詳閱經論，好好思惟，不久就可完全通達。」

讚曰：「重修佛殿德難思，因感天王護助施；
密主文殊傳妙法，本尊授記力加持。」

十、遵佛遺教　以戒爲師

（一）住持正教的法寶——清淨比丘戒

丙子年冬季，大師到聶地東部的色其崩巴寺（gser-phyi 'bum-pa），舉行供養法會。法會中，大師爲僧衆講演比丘戒，使無量衆生都安住於律儀，不敢踰越。

當時文殊師利菩薩現身指導說：

「今後教化衆生，要以戒律爲重。一切威儀，乃至極微細的小事，都要依止戒律而行。」

大師聽了，面有難色地回答說：

「末法時代的衆生，個個福薄慧淺，愛慾粗重，如今若要弘揚戒律，恐怕是件吃力不討好的事；況且縱使弘揚，衆生也未必能守得住清淨戒律。」

菩薩頗不以爲然，因此又鄭重的告訴他說：

「情況雖然如此，但若不這麼做，對衆生根本沒有實際利益可言。如果眞正要住持聖教，一定要殷勤尊重戒律才行。」

菩薩的教誡，正符合佛陀當初制定比丘戒的根本意趣。佛陀制戒時，指出持戒有十種利益：

「㈠攝取於僧；㈡令僧歡喜；㈢令僧安樂；㈣令未信者信；㈤已信者令增長；㈥難調者令調順；㈦慚愧者令安樂；㈧斷現在有漏；㈨斷未來有漏；㈩正法得永住。」

這意思是說，如果比丘能遵行戒法，就可以斷除自己現在和未來的有漏，可以依之保障有慚有愧的人，可以制罰或滅擯難調伏的人。僧團的戒律若清淨健全，自然可使不信仰佛法的人，產生信心；已信仰佛法的人，使其信心倍復增長堅固。僧團清淨，信衆增多，佛陀的法化卽可周流普遍，而達成令正法永住的目的。

由此觀之，戒律之重要，關係着個人的修持、僧團的和樂、世人的敎化、正法的與衰。所以「佛遺敎經」說：

「汝等比丘，於我滅後，當尊重珍敬波羅提木叉（戒），如闇遇明，貧人得寶，當知此則是汝等大師（卽以戒爲師的意思），若我住世，無異此也。」

當時西藏修學佛法的人，由於廢絕律行，視無戒爲正常，有戒爲拘執，以致使佛教日漸衰落，弊病叢生。菩薩看到這種情形，深生悲愍，所以一再敎導宗喀巴大師，若要眞實利益衆生，住持正法，一定要提倡清淨的比丘戒。

大師自此以後，遵依本尊敎誨，一切生活起居——衣食住行，乃至漉水、觸火等極微細之小事，都按照戒律中的規定來實行。徒衆見大師如此尊重戒律，羣起仿效，一時持戒漸漸蔚成風氣。這是格魯巴（黃教）以身作則嚴守戒律，以宣揚比丘戒的開始。

（二）大師的長子——達瑪仁勤

達瑪仁勤（dar-ma rin-chen, 1364-1432），最初在薩迦派出家，親近仁達瓦等諸大善知識學習經論。他是仁達瓦七大弟子中，最善辯論的一個。

後來，達瑪仁勤從後藏到前藏，遊歷各大道場間，依十部大論立宗答辯。他初聞大師之種種功德，頗不以爲然。丁丑年夏天，適逢大師在聶地饒種寺（rob-grong）安居，他爲了跟大師辯論法義，因此特地到聶地來。

達瑪仁勤到達饒種寺時，大師正在爲大衆講經。他因急欲尋找辯論的間隙，所以故意不摘帽，趾高氣揚，大搖大擺的走進來。大師見達瑪仁勤如此狂傲，很謙虛的讓出最高法座，坐在較低的位置上繼續講述。此時，達瑪仁勤竟旁若無人，妄自昇上高座。然而，當他漸次聽聞大師所講法義時，覺得句句鞭辟入裏，皆是前人所未發的精闢見解，因此對大師勃然生起無比的信心，連忙摘下帽子，降坐聽衆席，恭敬聆聽。並且發誓，願永遠做大師的隨身弟子。

此後十二年中，達瑪仁勤跟隨大師學習一切顯密法義，爲大師的上首弟子。大師圓寂後，他續紹大師的法位，所以大家都尊稱他爲「賈曹傑・達瑪仁勤」。（賈曹譯爲紹勝。

「紹」是繼任佛位的法王子，卽補處菩薩。「勝」就是佛。傑是尊貴的稱呼。）

（三）證得最究竟之眞實義

戊寅年（一三九八，大師四十二歲），大師自覺地到阿喀，住阿得公結山（'o-de gung-rgyal）之拉頂寺（lha-sdings）。在此一年中，大師兼行自修、利他二種事業。此時，由於大師念及從捨事到現在，對於中觀之要義，以及月稱論師和清辯論師兩家見解的異同，雖數數思擇，但仍不太明白，無法獲得究竟的決定。因此他決意繼續遵照本尊所教，積極三事並修——對本尊殷勤祈願，修本尊法；淨除罪障，積集資糧；詳細觀察經論，勇猛精進。

這樣修習了一段時間，某天夜裏，大師夢見龍樹、提婆、佛護、月稱，和清辯等大論師，在辯論「自性是有是無」等義理甚深的問題。其中佛護論師身形顯得特別高大，全身紺青色，手拿梵文「中論釋」，放在大師的頭頂上加持。

第二天，大師詳閱佛護論師造的中論釋，很自然的了悟龍樹父子（父子就是師徒。這裏指的是龍樹和提婆）之正見樞要，和所破的界限（所破的界限如果太過，則成斷見；如果不及，則成常見），因而遣除一切相執所緣，拔除一切增減妄計，於眞實義獲得究竟。同時，大師又明白月稱應成派，是如何善巧成立勝義諦和世俗諦。並了悟一切法由於是緣起，所以是性空，由於是性空無自性，所以形成了微妙的緣起。亦卽是以緣起妙有破有邊的常見，以自性本空破無邊的斷見，並不是離開緣起因果，而有空性可得。心經上說「色不異空，空不異色，色卽是空，空卽是色」，就是這個道理。

大師在妄境消滅，實執遣除之後，就恒常住於空三摩地，通達諸法如幻。因此，他對世尊油然生起不可動搖之信心，覺得世尊，眞是一位無上大師。於是作一篇「緣起讚」（佛教大藏經第四十八册六九〇頁），稱讚世尊所說的甚深緣起法，是世間最希有、最究竟之眞理。

(四) 勸化藏王

大師於戊寅年（一三九八）住拉頂寺時，曾寫一封信給藏王扎巴堅參，勸他以佛法治民（這封信現存大師著作全集的第二函）。

扎巴堅參（grags-pa rgyal-mtshan, 1374–1432）相傳係文殊菩薩化身，有神慧，幼年讀書只要稍加修學，卽可通達無礙。他年紀很小就隨從童自在大師出家，又從扎巴絳曲仁波切盡開三藏法要，因此名爲「稱幢吉祥賢」。不久之後，他就繼福稱法王住持哲塘寺法位（帕摩主巴噶舉第十世），講演印度法稱論師所造之「釋量論」。由於辯才無礙，故智者莫不驚服。於一三八五年，他又繼任帕摩主巴王朝之王位；一三八八年，明太祖封他爲「灌頂國師」，並賜金印。

由於藏王扎巴堅參本身是出家比丘，所以他對西藏佛教各宗派，都非常尊重敬信，凡是大德所在之處，必定前往請益。後來因爲宗喀巴大師之勸諫，遂大興佛法；立法管民，賞善罰惡，均依佛教戒律爲根本。他曾建十萬陀羅尼大法會，每歲一屆，此法會歷經三十八年未嘗中斷。又宗喀巴大師於一四〇九年啓建拉薩大招寺供養法會時，藏王即多所資助。

藏王扎巴堅參是一位英明多智，法令威嚴的比丘法王，因他復以佛法治民，敬重大德，所以在他這一代，是黃教實際掌握西藏政權以前的八百年間，轄區最廣，統治最鞏固的一個時期。於一四〇六年，明成祖永樂帝加封他爲「灌頂國師闡化王」，並加賜玉印。

(五) 精其之供養法會

己卯年（一三九九，大師四十三歲）正月初，大師自阿喀前往精其，在彌勒聖像前，依「賢愚因緣經」所傳釋迦牟尼佛現大神通的半月中（正月初一到十五），舉行供養祈願法會。

法會供養之時，大師至心懇禱十方諸佛垂納受，並願所有功德回向聖教，令得永住，回施衆生，令得安樂。大師懇禱剛畢，見東方虛空中，徧滿諸佛，尊尊光明相好，全身白色，與毘盧遮那佛毫無差別；南方、西方、北方，以及上方虛空中，也同樣徧滿諸佛，依其次第，一切諸佛身色分別爲黃、紅、黑、藍，與寶生佛、無量光佛、不空成就佛及不動佛等，絲毫沒有差別。

大師在法會期間，又爲二百多位三藏法師（達瑪仁勤大阿闍黎爲上首），廣講無量顯密法義，令一切衆生安立於顯密合一之教法。

（六）大師對帽子的授記

己卯年夏天，因仰波（nyang-po）僧俗，以至誠心殷勤迎請，大師遂應邀前往，於仰波擋朶寺（mdangs-mdo）結夏安居，並爲該地無量衆生大轉法輪。

在前往仰波的途中，大師的帽子被風吹落在河裏，順着河水逐波流去。當時，大師指着帽子授記說：

「我的教法將像河水一樣，永不間斷，永不枯竭。帽子停落的地方，將建立弘揚中觀學的道場。」

大師的帽子，最後停落在仰波的桑星崗。後來大師的高足法上，果然在此興建「大乘法輪洲」道場，廣弘中觀，正符合大師所授記。

（七）藏中大臣之迎請

己卯年秋天，藏中大臣南喀桑布，和桑朴下院（這是古桑朴寺本寺）大阿闍黎袞却粗墀（dkon-'mchog tshul-khrims）等人，數數勸請大師返藏，更遣使來迎。當時大師亦想回拉薩朝禮釋迦牟尼佛聖像，因此答應了他們。

大師回拉薩後，即住在布達拉（當時尚無今日之布達拉宮，但有小廟），爲桑朴、第瓦僅、貢塘、噶瓦棟、覺摩攏等寺僧衆數百人，廣轉「中觀光明論」、「菩提道次第」、「比丘戒經」等諸大法輪。

藏中大臣南喀桑布是藏王扎巴堅參的重要大臣，同時也是宗喀巴大師的重要施主。這次法會一切生活所需，完全由南喀桑布所供給。

（八）廣弘大乘戒律

庚辰年（一四〇〇，大師四十四歲）春天，大師赴噶瓦棟寺（dga'-ba gdong，寺在拉薩正西，聶塘東北，是當時前藏噶當派六個有名講經寺院之一。此寺大約於十一世紀興建）。此時，大師念及有許多修學佛法的人，一向精神散漫，貪慾無厭，雖自詡爲大乘行人，却對趣證無上佛果的菩薩戒，不能以深心切願而力行之，最後只落得大乘的虛名；又有些修學密法的人，只求大法灌頂，而不知如法依止上師，和護持三昧耶戒，以致求昇反墮，令人悲愍。

因此，大師於無量海會中，爲大衆廣講「菩薩戒品」、「上師五十法頌」、「密宗十四根本墮」等大乘戒。並且作了註釋，詳細闡明。

「菩薩戒品」是「瑜伽師地論」中菩薩地的一品。它是顯教、密教一切大乘出家人，以及在家信徒所應遵行之戒。此戒總有三品，名三聚淨戒。三聚淨戒者：㈠攝律儀戒；㈡攝善法戒；㈢饒益有情戒。

㈠攝律儀戒

攝律儀戒，就是止息戒。以廣義來講，凡是惡行所當止的，都叫攝律儀戒；若以狹義來講，卽專指七衆別解脫戒。攝律儀戒不但是「攝善法戒」的根本，同時也是「饒益有情戒」的基礎。換句話說，修學者如果不善護律儀戒，就不可能生起「攝善法戒」和「饒益有情戒」。所以修學者若想受持任何戒律，必須先堅固護持「攝律儀戒」。

㈡攝善法戒

修學者受戒後，所有一切爲趣入大菩提，由身口意所積集的各種善法，通通屬攝善法戒。由修學攝善法戒，能很快地圓滿一切佛法，成滿大智。

㈢饒益有情戒

修學者正受饒益有情戒，必須凡是於衆生有眞實利益的事，絕不坐失機會，該折服者折服之，該攝受者攝受之，這樣能很快地成熟一切有情，成滿大悲。如果修學者無法眞實利益別人，不能算是具足饒益有情戒；但雖不具足，並不犯戒，因爲在修學未成就之前，是無法眞實廣作饒益的。

雖然菩薩戒分爲三品，但必須同時受持。受菩薩戒後而又能精勤修學的人，一定能圓滿無上大菩提。

「上師五十法頌」（臺北佛教書局已有流通），是印度大班智達跋維諦瓦，遵照度母所囑咐，在佛陀所說的許多清淨經典中，把最重要的部分，以偈頌體集成的。它不僅是學金剛密乘的根本，同時對學顯教各宗的人來講，也是同樣的重要。如果學密法或作法的人，不把這些最重要的根本預備法學好，或放在心上，會使自己和別人都漂流在生死苦海中，甚至墮落金剛地獄。如果能按照此法謹愼修學，一定能得到快速成就。

「密宗十四根本戒」，是修學一切密法所應共遵的主要戒律。它的梵語，叫做「尼授畢黎德三昧耶」，義譯爲「根斷」或「根墮」戒。修學密宗的人，如果不遵守其中任何一條戒律，那麼他學密宗的根就斷了。斷了學密宗根的人，就像斷了線的風箏一樣，其不會有成就，是可想而知的。又破「密宗十四根本戒」的人，現生不但會有可怕的災難，死後還會墮入金剛地獄，所以也叫「根墮戒」。

以上三種大乘戒律，是世間出世間所有幸福和功德的基礎。大師有鑒於此，所以一生均致力提倡此戒律。如今西藏大乘戒律之所以盛行不滅者，全是大師的功績。

（九）噶當派之根本道場——惹珍寺

庚辰年秋天，結尊仁達瓦自達倉來拉薩，大師將他迎至噶瓦棟寺。秋季法會時，師徒兩人於此同爲四百五十多位僧衆，廣轉法輪。

噶瓦棟寺的附近，有一座古老寺院，名叫「惹珍寺」。寺院四周，林池相映，花木扶疏，環境極爲高雅，是噶當派初祖種敦仁波切（'brom-ston, 1005-1064），在丙申年（一〇五六，宋仁宗三十四年）興建的。這個地方，是阿底峽尊者在噶當雷邦中，時常稱讚和記莂的勝地。惹珍寺後來成爲噶當派教授的根本道場，有許多大善知識曾住過這裏。當時所教化的弟子，常輒數千人，極一時之盛。噶當派的教授，給當代和後世帶來的影響，非常遠大。西藏一切教派的學說，沒有不受其影響，而加以進化的。

大師和結尊仁達瓦，一方面爲了朝謁聖跡，一方面由於喜歡住在幽靜的阿蘭若，因此帶領着無量三藏法師，一起到惹珍寺來。

冬季法會時，結尊仁達瓦爲大衆講「六十如理論」和「集密五次第」等經論。大師則爲大衆講「大乘莊嚴經論」、「辯中邊論」、「集量論」和「瑜伽師地論・聲聞地」諸大乘法。此外，大師又講解菩薩地等所說之修奢摩他法，令諸弟子依法修行，因而有許多弟子，得到甚深禪定。

法會期間，大師為結尊仁達瓦個別講「集密月稱釋」和「中觀論」。結尊仁達瓦則為大師講「中觀月稱釋」之中觀見等深細修法。

（十）重興比丘戒律之大法會

辛巳年（一四〇一，大師四十五歲）春天，大師應止公寺主却吉結布法王（chos-kyi rgyal-po）之約，赴止公寺講經，並從却吉結布法王修學「那若六法」等密法。

春末，大師回惹珍寺，偕同結尊仁達瓦赴囊孜頂（guam-rtse-sdeng，噶當派古寺，在惹珍寺附近），會晤賈喬貝桑法王，並與各寺前來此地的僧衆共作結夏安居。

此時，大師、結尊仁達瓦、賈喬貝桑等三位法王，看到當時西藏佛教界中，極為混亂，逐漸脫離世尊所教示的比丘修學常軌。甚至有持大邪見的人，誤認為修學密法，只要受金剛戒，就不必受比丘戒的規制。因此三位法王一致認為，若要振興佛教，一定要淘汰末法時代的無知、邪見、疑惑等污垢，而大力弘揚清淨戒律，否則絕難奏效。

修學佛法，不論是顯是密，若要斷煩惱、了生死，乃至成佛，全憑「清淨的戒行」。戒行一旦毀缺，就像修行人所憑藉的浮囊，突然在大海中走了氣一樣，不但無法到達彼岸，且有葬身海底的危險。所以世尊教誡末法中的比丘，要以「戒」爲師，說：

「戒是正順解脫之本，因依此戒，得生諸禪定，及滅苦智慧。是故，比丘當持淨戒，勿令毀缺。」

由於佛陀制定戒法，分位愈高，則其戒法就愈加嚴密。所以修習戒律，必須由粗至細，由淺入深，如此才能堅固圓滿。就以出家人來講，應由沙彌戒、比丘戒、菩薩戒、金剛戒，漸次增上。這意思是說，受持沙彌戒，是趣入比丘戒的階梯與方便；受持比丘戒，是趣入菩薩戒、金剛戒的階梯與方便。若以戒法的內容來講，沙彌戒是比丘戒的根本，比丘戒是菩薩戒的根本，菩薩戒又是金剛戒的根本。更進一步的說，出家人如果不能受持清淨的沙彌戒，就無法進學比丘戒，不能受持清淨的比丘戒，就無法進學菩薩戒，乃至金剛戒。卽使受持也徒具虛名罷了，根本毫無實際利益可言。

戒律雖然有顯密和大小（乘）之分，但其最根本、最主要的，乃是比丘戒。比丘位居七衆之首，又是三寶之一，因此比丘戒之殊勝，是不難明白的。比丘戒若與菩薩戒、金剛戒比較起來，猶獨具特色，實有不容或缺的重要性。因比丘戒是佛法的綱維，由戒而攝受僧，由僧而使佛法永住於世，這是佛陀制定比丘戒的根本意趣。如佛經說：「甚麼時候有佛的圓滿比丘戒律，那時就有佛法；在戒德沒有的時候，佛法也就沒有了。」所以說，「一切衆律中，戒經爲上最」。

三位法王爲了振興佛教，所以在無量海會中，爲大衆廣講比丘戒經。同時又將律儀中所說諸罪的名相，以及還淨的儀軌，都一一加以詳細的解說。

又三位法王說法時，由於言語懇摯而悲切，處處流露出護教的熱忱，因此參加法會的大衆，個個感動得痛哭流涕，莫不懺悔過去無知所犯的戒律。並同聲誓願，從此以後，一切舉止均依止戒律而行。

在此之前，西藏各大叢林的出家衆，尚不知鉢具等爲何物，持戒爲何事。此次弘揚戒律的大法會，使岌岌可危的西藏佛教，有如旭日東昇，寶炬重光；佛陀的清淨儀軌，也因此而重現。如今西藏各大小道場，沒有不安住於清淨戒律的出家衆。他們三衣鉢杖常不離身，對於漉水、觸火等微小過失，偶而不愼有違犯時，也深生愧惶，謹依「出罪」律儀，立卽還淨。

西藏之出家衆，至今能夠這樣謹愼守護戒律，完全是宗喀巴大師和二位法王的功勞。這是宗喀巴大師，重倡比丘戒律之大法會。所有講錄，都存在大師的著作中。

讚曰：「卽身成就戒爲師，福薄慧無毀律儀；
佛制毘尼十大益，住持聖教廣弘時。」

十一、發揚聖教　著作廣論

（一）阿底峽尊者現身加持

辛巳年秋初，解夏後，結尊仁達瓦同後藏，大師和賈喬貝桑法王，以及許多徒衆，一起回惹珍寺。在惹珍寺，賈喬貝桑法王爲大衆宣講「中觀」等大論，大師則講授噶當派之「菩提道次第」。

惹珍寺是噶當派的根本道場，寺內安奉噶當派祖師阿底峽尊者的聖像。聖像身量大約與人相等，塑造巧奪天工，慈顏如生，極爲莊嚴。大師因仰慕尊者巍巍的德業，所以特地前來瞻仰。

大師在尊者聖像前，廣陳上妙供品，殷勤祈禱，並發願說：

「惟願尊者垂加持，令顯密佛法日臻興隆，光顯如日，徧照一切大地，衆生悉脫苦海，證得無上菩提。」

大師祈禱完畢，突然在空中，見上自釋迦如來，下至南喀堅參等一切噶當派之傳承祖師，現身說法，領首慰問。

此後更爲特別的是，這些傳承上師中，阿底峽尊者、種敦仁波切、博朵瓦、霞惹瓦等大師，現身達一個月之久，每天爲大師廣傳噶當派之無量教授教誡。法會圓滿當天，種敦、博朶瓦、霞惹瓦等大師，化爲一道虹光，攝入阿底峽尊者的身中。隨後，尊者爲大師摩頂加持，並安慰說：

「賢慧！你不必爲此事而憂慮。今後你儘管爲聖教作廣大事業，修菩提行，饒益衆生。我會時時幫助你的。」

尊者說完就不見了。

這次法會中，由於噶當派諸位傳承上師的加持力，所以大師講述「菩提道次第」，比過去更爲淋漓盡致。法會中大衆，莫不感到無比欣喜，個個了知「菩提道次第」教授最爲希有。它將一切經論教授，編成一貫之道次第，滙一切教典爲一致，只要修此一法，就等於遍修一切法門了。

（二）著述菩提道次第廣論

大師因專意精修「菩提道次第」之教授，遂了達「現觀莊嚴論」裏面所詮釋的，是任何一位衆生，超凡入聖直至成佛的教授。此外，再觀察因明論、彌勒菩薩其餘四部論、中觀諸論，以及四部密宗教典等，也無一不是修行的教授。因此，對菩提道修行的次第，生起不共勝解。

這時，賈喬貝桑法王、却吉結布法王，以及前後藏各大道場的一切善知識，殷勤勸請大師，著述菩提道次第廣論。（菩提，指所求的佛果。道，指趣證佛果所必須經歷的修學過程。次第，就是說明修學過程所經歷的階段，必須自下而上，由淺入深，循序漸進，不可缺略、紊亂或越級。）

大師覺得自身有菩薩的加持，外又有諸大善知識的勸請，如此內外緣合，正是造論之最好時機，於是在壬午年（一四〇二，大師四十六歲），以大譯師（具慧般若）和卓壠巴師徒所著之「聖教次第」爲藍本，並兼攝噶當派中教授派，和噶當派中教典派之菩提道次第法義，而造「菩提道次第廣論」（佛教大藏經第四十九册一頁）。

大師從道前基礎、下士道、中士道、上士道漸次往上造，直到寫完奢摩他時，心想：「毘婆舍那（此云觀，卽正見）是那麼艱深，卽使我把它造成，也未必有益於衆生，不如就此結束吧！」

大師造論之欲樂，因而隨稍退減。這時，文殊菩薩突然現身指導說：「無論如何，你都應該把毘婆舍那這部分寫完。寫完之後，衆生會因這本書，得到中等利益。」

（菩薩的意思是說，這本書完成之後，雖不能使一切衆生都了解空義，和修毘婆舍那法，但還是能讓多數的衆生了解和修持，所以說得到中等利益。如果不寫最後這部分，則連最下等的利益，也得不到。）

大師聽了文殊菩薩的教誡，遂繼續寫毘婆舍那這部分。他一邊寫，一邊思惟空性，剎那間，空中現出「大般若經」中二十種空的字句，字色如銀，字形宛如手寫一般。

某日，有許多護法善神和地方山神，現身向大師乞求說：

「我們衆人都是蓮花生大士，和阿底峽尊者的近事，今後我們也願意為大師的教法成辦順緣，請大師慈悲攝受我們。」

大師很高興的答應他們，並在造完此論的回向頌中，一併為他們回向。

（三）菩提道次第廣論的殊勝

大師所造的「菩提道次第廣論」，有五種殊勝的地方：

㈠所詮殊勝

這本論著，是以文殊菩薩親傳宗喀巴大師之三種要道（卽㈠出離心，㈡菩提心，㈢清淨見）為基礎，以阿底峽尊者所傳之三士道（卽下士道、中士道、上士道）為莊嚴。三士道次第，如果是整棟房屋的結構，三種要道就是房屋的棟樑。

㈡能詮殊勝

大師以清淨正理，遣除種種歧途，安立正確的體性；有系統地說明，從初發心直至成佛，於其中間所經歷的一切階位，既不迂迴，又有次第而無躐等之弊；論者前後所訂大科細分的數目，恰到好處，不能增減。

整部論，在解義和實際修持上，可以做爲修學者循序漸進，直至成佛的坦途。

㈢請者殊勝

此部論，是由精善顯密衆典、珍愛三學、荷擔聖教無與倫比的賈喬貝桑法王，和智慧教證功德莊嚴、拔濟衆生、長養聖教的却吉結布法王，以及無數的三藏大德，所頻頻勸請。

㈣處所殊勝

造此論的地方，是在噶當派的根本道場——惹珍寺。

㈤眷屬殊勝

大師造此論時，始終由後來接任大師法位的大阿闍黎達瑪仁勤，以及諸大弟子所隨侍承事。

「菩提道次第廣論」，實際概括顯教全部教義，修學者如果能熟讀此部論，就等於對整部大藏經（顯教部分），有通盤的了解。如今西藏修學佛法的人，不分在家出家，均讀過此書。

克主傑曾對這本論著，大加讚嘆說：

「阿底峽尊者所傳下的『菩提道次第』教授，不管是教典派或是教授派，諸位大善知識的著述都非常豐富，也都是引導衆生成佛的最佳指針。但如果和宗喀巴大師所造的『菩提道次第廣論』相比，那就遜色多了。『菩提道次第廣論』，將一切經論攝爲衆生成佛的支分，道體圓滿，數量決定，次第不亂，現前就可照着修持。因此這部論，誠屬無上妙法，目前在西藏，還找不到第二部可以相提並論的。」

(四) 供酥燈的預兆

癸未年（一四〇三，大師四十七歲）春天，賈喬貝桑法王，獲得大師所造的「菩提道次第廣論」後，就如同大商主入海取寶滿載而歸一樣，歡天喜地的回後藏去了。

此時，大師仍住惹珍寺，繼續爲大衆講演「菩提道次第廣論」，並將「現觀莊嚴論」和「大般若經」的經文，合講一遍。

法會圓滿那天，大師告訴大衆說：

「現在法會圓滿了，你們各自準備供品供養吧！」

（西藏地區，每遇法會或傳法圓滿後，爲了對上師表示感謝，通常要準備供品供養。在各類供品中，最重視供酥油燈。以供酥油燈，代表願得無上妙慧之故。）

衆弟子聽了，紛紛向常住借燈盞，由於僧多粥少，一下子就全被借光了。大阿闍黎達瑪仁勤，為了借燈盞，急得滿頭大汗，眼看別人已點燃了酥燈，自己的供品卻還無着落。到最後時間實在來不及了，只好順手拿一口銅鍋，栽炷灌油，供養在上師面前。

大師看了，很高興的笑着說：

「緣起(預兆)眞好，來！來！你們把所有酥燈的油，全部倒進達瑪仁勤的銅鍋中。」當衆弟子把所有的燈油倒入銅鍋後，油剛好滿滿的，而不溢出，燈光異常明亮，勝過平常好幾倍。

又這次法會中，大師所講的「現觀莊嚴論」，文義精髓，盡出大師心得之奧府，和過去大師所造的「金鬘論」，有很多地方不一樣。（金鬘論所詮釋的義理，完全依照過去先賢的正理而造，文義雖然沒有錯誤，但文句範圍沒有大師獨特的創見。）所以衆弟子要求大師，重新再造現觀莊嚴論的解釋。大師因而對達瑪仁勤說：

「你把我這次講的要點，全部記錄下來，然後再為這部論造釋。」（表面看起來，這是大師開許達瑪仁勤造釋。實際上更深一層的意義，是囑咐他傳授法義。）

大阿闍黎達瑪仁勤，遵照大師所囑咐，造一部現觀莊嚴論之廣釋，書名叫「心藏經嚴論」。目前西藏講「現觀莊嚴論」，就是以這一部作為依止的根本。

(五) 宣演釋量論

甲申年（一四〇四，大師四十八歲）正月，大師在惹珍寺舉行供養祈願法會（內容與前在精其所舉行的一樣）。會後移住拉薩之雷樸寺（Lhas-phu），爲無量大善知識，廣轉法稱論師所造的「釋量論」。

「釋量論」雖是解釋陳那菩薩的「集量論」，但它並不拘泥於陳那菩薩的論意，而是另有發展、另有批判的。這部釋論，是法稱論師最主要的因明著作，它使整個因明學說，更向前邁進了一大步。然而其最偉大的貢獻，却在它以因明正理，成立有業果相續和成佛的可能；並詳論佛陀現證四諦的各種相狀，以及很明白的顯示出解脫和得到一切種智的途徑。簡單的說，就是這部因明具備有修道次第的意義。

當初法稱論師造成這部「釋量論」時，曾親自動手作第一品「自比量」的註釋。其餘三品，則叫弟子天王慧作註疏。天王慧按照論中的文句直接解釋文義，寫成之後呈給法稱論師。論師看了，發現他完全不明白論中的奧義，於是很氣忿的將他所寫的稿子扔到水裏，叫他重新再寫一次。天王慧第二次作註疏，仍然在字義的表面作文章，因此論師用火燒掉他的稿子，叫他再寫。天王慧自知善根淺薄，無法窺見上師論著的眞義，於是在第三次寫好時，在註疏的後面加上一頌：

「衆數無善根，時復不可待，爲自修習故，略造此師難。」

然後很恭敬的呈給論師。論師勉強看了一遍，嘆氣說：

「唉！他連續寫三次，始終未深入探索論中的奧旨，如此僅能算是疏通文義罷了。」

論師因而無可奈何的把它收下來。（天王慧這種註釋的方法，就是後代所謂的訓詁派。）

論師顧念因明義理深奧，不是一般人所能了解，所以在「釋量論」的卷首，補上一頌：

「衆生多着庸俗論，由其無有般若力，非但不求諸善說，反由嫉妬起瞋恚。故我無意謂此論，眞能利益於他人，然心長樂習善說，故於此論生歡喜。」

這偈頌是說：一般人多半喜愛陳言猥談之庸常俗論，由於缺乏分辨善惡的慧力，因此自己不但不肯探抉精微，反而對別人抉擇甚深義理的論著，心懷嫉妬加以惡恚的批評。所以我法稱寫這部論，並沒有懷着一定能利益別人的期望。然而寫這本書，我心中却感到無限的滿足，因爲我生平最喜愛追求幽深的眞理，透過這本書，我的素願得以暢遂了。

論中最後一段的偈頌，也有此意。卽：

「彼諸慧能無劣弱，亦無通達甚深性，彼諸增上精進者，亦無能見最勝性。諸衆生中我相等，繼持善說不可得，如衆河流歸入海，吾論隱沒於自身。」

這一偈的意思是：我這一部論，在此世界上，將很難找到一位不感困難，就能把握其中深義的人。看起來，它只會被我自身所吸收，在我自身中消失，就像河川裏的水，最後還是滙歸於大海一樣。縱使有一些天賦智力並不尋常的人，也無法通達二諦的甚深法性；縱使有一些精進用功勤於思惟的人，也不能窺見其最高眞理。

由以上簡單的描述，就可知道想正確地了解這本釋論，是多麼的難了。法會中，大師以過人的智慧，一再闡發這部論的玄義，並深入淺出地剖析其中幽隱的究竟旨趣。因此大衆聽了，都非常高興，對「釋量論」之精密理路，莫不嘆爲希有。

大阿闍黎達瑪仁勤，把大師所講的要點全部記載下來，並造論釋，現存在大師的著作中（第十四、十五函）。

（六）造建立次第釋

藏王扎巴堅參，最是尊賢禮士，因敬仰大師深宏的德學，特派大臣專程前來迎請。大師見他如此殷勤，遂於甲申年夏天，自惹珍赴聞地，住第欽頂寺（sde-chen-steng），與數百名精通三藏教理的僧衆，共作結夏安居。

法會中，大師爲他們講演「中觀」、「因明」等論，並傳授「菩提道次第」等甚深教授。法會中一切費用，都由王庭供養。

秋初，大師赴阿喀，住絳巴領寺（byang-pa gling），爲大衆廣講自己著述的「菩提道次第廣論」，和密宗二種次第法（生起次第、圓滿次第）。

冬天，師徒停止一切對外活動，閉關專修密法。有一天，本尊告訴他說：「現在你應當依照我（文殊菩薩）所講的教授，著述龍智菩薩之『建立次第』的釋（講密宗的一部書），如此對弘揚正法，饒益衆生，都會有很大的幫助。」

於是，大師依本尊之教誡，疾疾造釋。造成之後，又將這部論授諸徒衆，廣爲宣講。

（七）著述密宗道次第廣論

乙酉年（一四〇五，大師四十九歲），大師仍住在絳巴領寺。這時，由於賈喬貝桑法王以及無數三藏法師，懇請大師廣造四部密法之修道要旨；噶舉派帕摩主巴紹藏王尊位者——福幢法王，也因有志弘揚密乘，一再勸請大師廣釋密乘；此外又有本尊文殊菩薩之記莂。以此種種因緣，大師遂造「密宗道次第廣論」。（這部大論，又名「大金剛持道次第開顯一切密要論」，是以文殊菩薩的無垢正見爲基礎，再經大師綴文而成。現收入於佛教大藏經第四十九册六一三頁。）

論中，大師對於四部密宗一切道次，不但以歷代相承的教授作爲依據，並且滙通本經疏鈔等密續，以及大成就者的論典；對於道的體相（本性與徵相）、次第（先後階位）、數量（在何種階段應包含部些東西），和如理修持而生證德的方法、斷過、除障，以及最後修行證果的方法等，都能如理抉擇。這部論一出，恰能對治當時修學密法之好高騖遠和越級等弊病。

（八）魔王驚怖

丙戌年（一四〇六，大師五十歲），大師寫完「密宗道次第廣論」後，立即授於徒衆。當大師廣傳此論給無量大善知識時，魔宮突然震動，魔王大爲恐怖，許多非人妖魔立即向會中大衆攻擊，作猛烈留難。有幾位大善知識，也因此而圓寂了。大師遂暫時停止講授，和徒衆閉關專修破魔法。此後，各種妖魔才逐漸降伏，不敢蠢動，魔事乃告平息。這時，大師又造大威德金剛修行方便，和護摩儀軌，取名叫「勝魔」。

（九）唯一內心之愛子

克主傑（mkhas-grub-rje），本名叫格雷跋桑（dge-legs dpal-bzang, 1385-1438），是歷代轉世班禪喇嘛的第一世。他最初在薩迦派出家，先後親近過結甯仁達瓦和大阿闍黎達瑪仁勤，也曾立十部難論的宗。

丁亥年（一四〇七，大師五十一歲）春季，大師住色惹却頂（se-ra chos-sdings，即現在「色拉寺」地）時，克主傑帶着仁達瓦的介紹信，特地前來拜謁大師。

在晉謁的前一天晚上，克主傑夢見自己迷失在四周都很黑暗的地方，心裏又害怕，又焦急，不知何去何從。這時，東方突然現出亮光；亮光中，有一輪由一百一十把利劍圍成的劍輪。劍輪中的劍柄，全部向內，劍鋒朝外。每一口劍鋒，又有一百個太陽作爲莊嚴。劍輪中間，有五彩霞光明網。光明網中間，有紅黃色的文殊菩薩，結跏趺坐，相好殊妙，清淨威嚴，有如十六歲的童子。菩薩身上嚴飾無量珍寶，右手握劍，左手拿一枝烏巴拉花，花上有梵篋和智慧鏡。菩薩看到克主傑，發出會心的微笑，然後慢慢飄過來，攝入他的身中。此時劍鋒上的太陽，驟然放出萬丈光芒，黑暗全部消盡，光明徧照十方，充滿整個宇宙。（這個夢兆，表示克主傑在未謁見大師之前，還沒有找到能作爲根本依止的上師，內心很徬徨。將謁見的大師，呈文殊菩薩像；由於大師——文殊菩薩的加持力，智慧乃頓然開朗，並通達大師之無垢正見，進而渡盡無數衆生。）

第二天謁見時，克主傑一見大師，馬上生起無比信敬與歡喜心。於是提出許多論中最難的問題，並說出自己的見解，和未解決之困難等，殷重至誠的請問大師。大師亦深生歡喜，一一詳盡的爲他解答，並問他說：

「你是怎樣得到如此見解，和發現問題癥結的？」

克主傑回答說：

「我是遍學無量聖教，廣求多聞，殷勤啓請上師、本尊才得知的。」

大師頻頻點頭，稱讚說：

「是的是的，我也是這樣得到的。我剛剛又從本尊那裏，獲得最殊勝的教授，現在就傳給你吧！」

克主傑聽完大師教誨之後，又將昨夜的夢兆稟白大師。大師說：

「你能見上師，和本尊毫無差別，這是非常可貴的。由此夢兆，足以證明你是修學密乘的上上根機，你應該高興啊！」

大師接着又說：

「你見我是文殊菩薩，並沒看錯，事實就是這樣。然而這唯有宿緣深厚，又具足清淨與深信之心的人，才能辦得到；如果是一般人，他是看不出來的。你的夢兆，表示你以後將大力弘揚正法，以無垢智慧，消除衆生的愚昧，使無量無數的衆生，安然渡過生死苦海。」

當天，大師爲克主傑傳授大威德金剛灌頂。自此以後，克主傑就專以此爲不共本尊了。

這是大師唯一內心之愛子（如同大師之心的弟子）克主傑，第一次謁見大師的眞實故事。

（十）造中觀論廣釋

大師住色惹却頂時，偶而也兼爲少數弟子，講授「集密五種次第」，和「勝樂輪圓滿次第」。後因許多學者的勸請，又造「中觀論廣釋」，以抉擇性宗一切最難辨別，和最扼要的問題。

大師造論時，由於對其中某些最細理路稍感難解，於是殷勤祈禱本尊文殊菩薩。祈禱剛畢，空中突然現出「般若經」二十種空的經文，字字成黃金色，光耀奪目，大師所有疑難問題遂豁然開解，乃作成此論，取名叫「正理海論」。

讚曰：「深弘悲願二能仁，尊者加持恒現身；
聖教廣傳造大論，衆生饒益依止因。」

十二、明帝迎請　大師避居

(一) 避居惹喀岩窟

戊子年（一四〇八，大師五十二歲）春季，大師和諸徒衆，仍住色惹却頂專修。有一天，大師忽然對二位上首弟子說：

「我們將會有一場小小留難，必須到其他隱密處暫居幾個月，否則很難避免。」

弟子們問道：

「到那裏好呢？」

大師回答說：

「現在還不能講。這幾天，你們注意聽我的吩咐就可以了。」

某日深夜，大師趁着大衆休息時，驟然帶着二個弟子，悄悄登上色惹却頂後面的惹喀山（ra-ga-brag），躲在一個極隱蔽的山洞裏，閉關靜修。

靜修時，文殊菩薩常常現身爲他講解「中觀」和「唯識」等諸宗要義，並一再反覆辨別兩宗異同之最關鍵地方。最後，文殊菩薩囑咐說：

「現在你可略攝龍樹菩薩無自性宗，和無着大士唯識相宗二大車軌之深義，著述成書，以顯經中之了不了義。」

大師依照菩薩所指導的法義，綴文成書，取名叫「辨了不了義善說藏論」（佛教大藏經第四十八册一〇〇頁）。

（二）明成祖的迎請

大師對於顯密教理，身心修證，無不到達最上乘的境界，因此聲名遠播，爲四方大衆所歸仰。當時明成祖（永樂帝）遠聞大師的德譽，屢次遣使迎請，但都辭而未赴。戊子年（一四〇八，永樂六年，大師五十二歲），明成祖又以廣大信心，爲利益內地一切衆生，再派出四位欽差大臣，數百名隨員，携帶無量供品，殷勤前來奉迎。一路上，爲了怕大師事先隱避，所以進藏的事跡甚爲秘密，僅說是來朝聖而已。等到大隊通過岔宇（地名），轉成夜間行進，天亮時驟然造訪色惹却頂。不料，寺中僧衆迎接時却說：

「各位施主，非常抱歉，大師目前不在寺裏。他在幾個月以前，突然不告而別，究竟到那裏，我們根本不清楚。」

四位欽差大臣聽了，有如挨了一記悶棍，心中極爲惱怒，因此一致怪罪大師有意廻避。最後由藏王扎巴堅參出來作保，證明大師確實在幾個月以前就不知去向，這樣才暫時取信四位漢官。

隨後，漢藏各派出數百人四處尋找，經過好久，才發現大師在惹喀山的岩洞閉關。起初大師堅持不出來見客，後因欽差大臣商請藏王扎巴堅參、藏臣南喀桑布替他說項，再三請見，大師才囘色惹却頂接見他們，並接受供養。

大師很委婉的告訴欽差大臣，詳述他到中國內地害大利少的種種原因。同時，又奉文給成祖，表明他對皇上這次的迎請，感到萬分歉疚與由衷的謝意；並說明這次不到內地，絕不是有意輕蔑皇上的旨意，而是另有其他各種緣由等等。（這封信，今存大師著作中，信末署戊子年六月十九日。）除了信件，大師又晉上許多寶貴的禮物。

當時，衆人都讚嘆大師，事前以通力得知而避脫，是一種不傷和氣的最極善巧方便。

明成祖供養大師的禮物，全是些內地最名貴的金、銀、綢、緞、磁、玉等世間物品；而大師所晉上的，則是釋迦牟尼佛、觀世音菩薩、文殊菩薩金像各一尊，如來舍利四顆，阿底峽尊者舍利一顆等，都是出世間之無上福田。

（三）章嘉活佛代師晉京

由於大師善巧婉拒，辭而不赴，四位欽差大臣因而轉爲懇請大師，派遣一位足以代表大師的高足，以慰成祖之請，否則他們不敢囘朝交命。大師知上首弟子釋迦也協（sākya ye-shes, 1352–1435，蔡貢塘人），機緣已成熟，遂派他於永樂十二年（一四一四）代師晉京。

明成祖見釋迦也協學德巍巍，相貌非凡，因此龍心大喜，封他爲「妙覺圓通西天佛子大國師」，並向他廣請無量法義。於一四三四年，宣宗又封他爲「大慈法王」。後來法王廣在內地和蒙古等處，弘揚法化，歷代轉世，就是國人所共知的「章嘉國師」。

（第十九世的章嘉活佛，於清光緒十六年（一八九〇）誕生青海，九歲晉京，清廷仍封他爲大國師。民國三十六年，國民政府又加封爲「護國淨覺輔教大師章嘉呼圖克圖」。民國三十八年，章嘉活佛隨政府遷臺，曾任總統府資政、中國佛教會理事長等職。於民國四十六年（一九五七）三月四日圓寂於臺灣臺北。）

讚曰：「發揚顯密世無雙，遠播名聲徧異邦；
明帝中原恭敬請，大師神預避山谿。」

十三、成熟有情　廣作福業

(一) 脫落一顆牙齒

大師前往噶瓦棟寺時，文殊菩薩曾授記說：

「不久之後，你在夆却壠講經時，將會脫落一顆牙齒。這顆牙齒，你應該送給克主傑，以作他將來弘揚法化，饒益一切衆生的瑞應。」

後來大師住夆却壠時，四部密乘的本尊，和三十五佛等聖衆，都曾現身加持。有一天清晨，克主傑啓白大師說：

「昨天晚上，我夢見上師爲我授記，因此今天特地前來啓請上師，願上師慈悲爲我等，講授四部密法之攝義——『金剛持之道次第』等法。」

大師很高興的答應說：

「當然可以啊！」

於是，大師立卽將四部密乘要旨等甚深法，廣授給諸徒衆。某日，正當日光增盛之時，大師在法座上講經，口中忽然放出大光明，遍照虛空，在場大衆，全部看得很清楚。甚至更有人，見大師口中放出的光明，爲五彩霞光。

大師口中所放出的一片光明，唯有大阿闍黎達瑪仁勤、持律扎巴堅參(grags-pa rgyal-mtshan，以持戒著名的一位弟子，與藏王同名)和心子克主傑，看到大師脫落一顆牙齒。這時，大師隨口誦出半偈云：

「住妙高前如金山，施與無倫善妙汝。」

(善妙吉祥賢，是克主傑的正諱。前句，是說克主傑在大師座前，就像七金山住須彌山前一樣，再沒有別的山比它更高的了。)

大師誦畢，隨卽將這顆牙齒送給克主傑。達瑪仁勤和扎巴堅參看了，央求大師道：

「大師啊！請您也賜給我們牙齒吧！」

大師回答說：

「並不是我不把牙齒送給你們，而是克主傑具有得到這顆牙齒的宿根，和本尊文殊菩薩的記莂。如果你們也想要的話，今後七天中，只要殷勤地祈禱，我可以送一些其他的東西給你們。」

大師說完，克主傑立卽將此顆牙齒捧回室中，殷勤祈禱。彈指間，牙齒放出五彩霞光，遍照一切。七天之後，大師又命克主傑將牙齒端出來，先陳設香花妙供，種種禮讚，然後才緩緩打開盒蓋。這時盒中，光輝四射，高入碧空，色含五彩，朗照天地，而且更有陣陣妙香，氤氳滿院。原來這顆牙齒，早已神變成文殊菩薩的聖像，莊嚴相好，栩栩如生。聖像遍身，充滿各色各樣的舍利。大衆目睹這般情景，十分驚異，莫不歡喜雀躍，嘆爲希有。

大師將文殊聖像頂上，宛如海螺狀的舍利，送給勇猛金剛；聖像額上，宛如水晶般的舍利，送給大阿闍黎達瑪仁勤；聖像喉間，呈金色的舍利，送給毘奈耶尸羅；聖像心間，呈吠琉璃色的舍利，送給持律扎巴堅參。其他尙取出九百九十八顆舍利，分送給在場聽法的僧衆。

這些舍利，逐日增多，就是現在具大福德的有緣衆生，想得到它，也不太難。

（二）重興供養大法會

大師前在色惹却頂住的時候（一四〇七年），就已經預訂在已丑年（一四〇九）年初，於拉薩大招寺，廣建供養祈願法會。當時大師曾囑咐藏臣南喀桑布，護助辦理。

南喀桑布遵照大師所教，立刻料理法會中的一切事務；並整修拉薩大招寺，凡是遇有頹廢損壞，無不盡力修補，不論出錢出力，他都全力以赴，毫無悋惜。至戊子年秋天，大招寺寺宇所有坍塌破損，均已修繕一新。

戊子年秋初，西藏王扎巴堅參，遣使奉請大師住種不壠（grum-bu-lung，在拉薩河下游），爲來自各寺之僧衆共千餘人，講授「菩提道次第廣論」等法。此時，大師趁機勸化藏王，希望他對此次法會，能共襄盛舉。

藏王扎巴堅參，素有「護法大王」之稱。自他繼王位以後，安撫邦土，化民從善，建塔修寺，刻經造論，以及護持大德講經說法等，從不遺餘力。如今知道大師將重興供養祈願法會，此舉意義非常重大，因此毫不考慮的答應了。

大師又自種不壠分遣幾位上首弟子，到止公、惹珍、聞、阿喀等地，勸化一切大小寺院，和各處地方長官、施主，以及大師的門徒，廣修信施福業。

衞藏地區雖然地狹人少，但是由於大師悲願之感召，龍天之護持，各地前來供養的人，始終絡繹不絕於途。沒多久，各類堆積的供品，已儼然是一座一座的小山丘了。大師和弟子們，也時時盡出所有廻向，祈願明年春天的供養法會，能夠順利圓滿。

依據「賢愚經」降六師品說：

「釋迦牟尼佛，昔日從正月一日到十五元宵，於舍衞國較試場大顯神通，降伏六種邪魔外道師，及其迷冥之徒，摧毀魔旌，建樹正法幢。世尊化身遍滿梵天、四天王天、色究竟天，乃至三千大千世界。佛身個個威嚴高顯，放大光明，與大衆圍繞說法。由於如來的善巧神變，因而拔濟無量衆生，遠離滋生罪惡之不善地。未具善根的人，讓他們種下善根；已具善根的人，讓他們倍加增長；善根未成熟的人，讓他們儘快成熟；善根已成熟的人，全令他們得到解脫。更有衆生，因而發大菩提心，得不退轉地；有的衆生，因而證得羅漢果。這就是所謂的『如來現大神變之法會』也。」

過去印度諸大法王，每遇此勝期，都廣設無量上妙供品，供養三寶，誦經發願，福施衆生。後來佛法初傳西藏時，西藏諸大善知識仍能仿照印度，如法興大供養。如今正值末世，佛法陵夷，供養法會已經慢慢隱沒了。聖宗喀巴大師爲酬宿願，上爲聖教永住，法輪常轉，下令衆生集福，獲澤無盡，因而發廣大心，籌畫重興大神變之供養法會。

戊子年秋末，大師爲迎接盛會，特地請畫家到大招寺，重新爲聖像抹上金粉和艷麗的色彩。頓時，整個殿堂爲之煥然一新，就像初建的一樣。此外，大師又請全藏手工最好的裁縫師，將施主所供的綢緞，替諸佛菩薩縫製各種不同的衣服，以及製作爲數不少的幢幡和寶蓋。

十二月底，法會的準備工作，大致妥當之後，大師才由種不壠起程，前往拉薩。除夕當天，大師聚集八千多名僧侶，於大招寺大殿，獻奉供養。這一天，大師等師徒充當施供之職，供養一切施櫬等費用。

(三) 興廣大供養

己丑年（一四〇九，永樂七年，大師五十三歲），從藏曆正月初一到十五日，是釋迦牟尼佛現大神通之正會。過去如來現神通時，十五天中，每天各有一位施主，如來各現一種神變；如今供養法會亦仿照過去，每天各有不同的施主，供獻的物品也不盡相同。

法會中，大師供獻釋迦牟尼佛（由唐朝文成公主帶回西藏的佛像）一頂純金打造的五佛寶冠，冠上鑲有許多貴重的珍珠和寶石，鑽工精巧，形量高貴莊嚴。供獻不動金剛佛（由尼泊爾公主帶進西藏的佛像）和十一面觀世音菩薩，各一頂純銀打造的五佛寶冠。冠上也同樣鑲有衆寶作爲莊嚴。

正月初八和十五兩天，大師請塑工極爲精巧的專家，爲釋迦牟尼佛、不動金剛佛、十一面觀世音菩薩，全身塗上金粉。其他各天的中午，則專塗面輪。

此外，大師又供獻釋迦牟尼佛，一個用大量純銀打造的寶鉢，和純銀打造的曼陀羅供。供獻現出家相的佛菩薩，各一套出家用的衣鉢；供獻現報身相的佛、菩薩、明王、護法等，各一套隨其所應供養的寶衣和法器。

大招寺各佛殿中，全部仿照顯密經典所記載的，上以寶繩交織籠絡，下垂幡彩、拂鈴、華纓，和各種莊嚴的物品。佛殿外面四周的大道上，豎立許多高大的木柱。每根木柱，各懸掛一面廣大的繒幡。其中十五根木柱的頂上，各隨東、南、西、北、中央五個方位，安置毘盧遮那佛、寶生佛、無量光佛、不空成就佛，和不動佛等聖像。同時又在這十五根木柱的幡旗上，書寫各佛的長短陀羅尼。每天入夜之後，在幡旗下的供臺上，各依其儀軌修法一座，並供養上妙供品。此外，又在大道上，另豎大白傘蓋等幢。每天夜晚，也同樣依照各各儀軌如法供養。幢與幢之間，完全依照般若經所說，彼此牽拉繩索，繩上懸掛拂鈴、繒彩等五彩繽紛的物品。整個法會會場，遠遠看起來，宛如滿天彩霞，飛騰躍舞，煞是一大奇觀。

佛殿中，共有內、中、外三條繞道。法會期間，不分晝夜，內道供油燈四百盞，中道（繞佛用的）供油燈一百多盞。最外層繞道，面對釋迦佛的地方，設立一座正方形大石燈。石燈每邊一丈多長，中間樹立大燈炷，炷中灌滿酥油。石燈點燃後，熊熊火焰，高達數丈，其餘外層繞道上，又擺滿無數砂罐油燈，燈炷的形狀和高度，宛如手臂般大小。佛殿供燈，日夜相續不絕，金光晃耀，掩蔽日月。

又佛殿中的供水，全是金黃色的藏紅花水。每天換水一百多次，光是紅花的餘滓，每日就有好幾升。佛殿裏面和四周的空地，頻頻以香水散灑，香幢、香傘，和燒香的煙，終日緊接雲端，未嘗間斷。

大酥油燈的左右兩旁，各放置以一百斗糌巴作成的供品，上面覆蓋許多酥油花作為莊嚴。其餘無量供品中，高度接近二、三尺，並嚴飾酥油花的，共有一百零八堆。供品每天換一次，換下的供品，全部佈施給窮困的人，或其他衆生。

這些清淨圓滿的供品，全部經過大師咒印三昧的加持，使成大樂不空之甘露；後又由無量持戒清淨的三藏比丘，以顯密經典中所說的儀軌，至誠禮誦而為供養。因而十五天法會中，十方諸佛菩薩聖衆海會，都降臨納受。

(四) 供養法會中的瑞兆

釋迦如來現大神變之供養法會中，南喀堅參仁波切見大師的頭頂上，有文殊菩薩（佛部）、觀世音菩薩（蓮花部），和金剛手菩薩（金剛部）等三尊部主。部主四周，又有無量護法神圍繞，防護各種妖魔的留難。

此時，有位成就者，名叫孤抉，號無量光金剛，剛從拉薩附近的惹喀山出關。出關後，孤抉仁波切隨卽前往拉薩。當他途經朗勤棟時，遇見印度八十四位成就者之一的霞瓦日巴。孤抉仁波切問他說：

「尊者，您這樣匆忙，是要到那裏呢？」

霞瓦日巴回答說：

「我等八十四位大神通成就者，應賢慧名稱法王（卽宗喀巴大師）之請，前往大招寺。他們諸位神通師都去了，我稍遲一點，正趕着去啦！」

孤抉仁波切於是也隨着他，趕赴法會。

法會中，當大衆進行誦三十五佛時，孤抉仁波切看見虛空中，遍滿十方諸佛，諸佛的下方，有三十五佛、藥師七佛、彌勒菩薩、無量壽佛、度母、白傘蓋、妙音天女、八十四位大神通成就者等希有瑞相。

在十五天法會中，大師每天都爲僧俗大衆，講馬鳴菩薩造的「佛本生經」一座，從無間斷。又這次從各地前來參加供養法會的僧俗，總共有十幾萬人，每個人都非常精進。他們除了聽經、誦經、發願外，更有數萬人寧願不飲早茶，乃至放棄中夜睡眠，而不停的繞佛。由於精進氣氛的感染，平時逞兇鬥狠，飲酒放逸之事，無形中也化爲烏有。

法會期間，有一天夜晚，大師夢見一位身形魁偉的婦人，雙手抱住大殿，好像要遮止什麼事似的。大師問他：

「你爲什麼要這樣做呢？」

她回答說：

「爲了防護火災呀！」

第二天晚上，大殿門前大石燈的酥油快燒盡了，管事還沒來得及裝新油，燈炷和酥油突然合併燃燒起來，猛烈的火焰照亮了天空，在場的人，個個都恐怖萬分。大師見了，隨卽入室，於密壇前住三摩地。一時，外面微風俱息，衆人立卽將火撲滅，因而未釀成一絲一毫的損失。

又有一次，大師夢見拉薩附近，有無數衆生昇空而去，大師問他們說：

「你們打算到那裏？」

眾人齊聲同答說：

「我們在供養法會中，因供養如來而獲得無量功德，現在將往生梵天啦！」

法會中所示現的種種瑞相，不勝枚舉，難盡一一。由此觀之，大師這次所辦的供養祈願法會，功德廣大無邊，實非薄地凡夫所能思議的。

法會進行期間，藏臣南喀桑布，和他的侄子班覺結布（dpal-'byor rgyol-po），擔任招待各地前來參加的貴賓和僧侶，並負責法會中的一切大小事務。藏王扎巴堅參，則是扮演此次法會最主要的施主。

讚曰：「世尊昔日顯神通，降伏六師摧魔攻；
怙主如今酬宿願，大興供養福無窮。」

十四、根本道場　建三大寺

（一）首建嘎登寺

由於環繞在大師左右的徒衆，逐日增多；又因始終無固定講經的場所，每季法會，師徒們都得像趕場似的東奔西跑，徒生種種疲勞。所以有很多親近大師的上首弟子和大施主，頻頻勸大師興建安衆之處，以作爲弘揚大師教法的根本道場。此建議一提出，大家競相附和隨喜，有的願意將自己的寺院捐出，有的願意奉獻財物興建道場，情況非常熱烈。

大師內心非常高興，深知興建道場之因緣已經成熟，但爲了除去大衆不必要的疑慮，就在大招寺供養法會時，祈禱釋迦牟尼佛，看在這一切道場中，那個地方作根本道場最爲殊勝。祈禱後，又詳細觀察徵相和夢兆，結果顯示出，以離拉薩東五十里旺古爾山(bdang-bskur-ri) 旁的大阿蘭若最爲吉祥。

供養法會圓滿後，大師親自到現場加持地基，並命上首弟子大阿闍黎達瑪仁勸（俗稱賈曹傑），和持戒最清淨的弟子扎巴堅參，率領僧衆，遵照大師的囑咐，創造嘎登寺（此寺全名叫嘎登南結領 dga'-ldan-rnam-par rgyal-ba'i gling）。

初建時，四方湧來無數僧俗，有的出力，有的施財，所以在一年之內，就建好七十多座院房，一百多座地基。建造房舍的儀軌，完全依照戒經進行。比如建造之前，先堪察地理位置，再向全體僧衆宣佈，等到徵得大衆同意之後，才開始動工。又房舍的規格，從大殿到僧舍，乃至廚房，完全符合戒經的規定。因此，由造嘎登寺之事看來，亦可窺見大師致力弘揚戒律之一斑了。

宗喀巴大師創立的黃教（又名黃帽派），名格魯派，卽因此寺得名，意爲嘎登寺派。派藏文讀魯，嘎登貝魯簡稱爲嘎魯，按藏文讀音變化的規律，讀爲格魯，所以黃教稱爲格魯巴。此外又有人說，格魯派意思是善規派，這種說法是因該寺倡導嚴守戒律而來的。

又大師一派，得嘎登派之名，早在阿底峽尊者入藏時卽已預言。如噶當雷邦第二十六未來授記品中說：

「最後正法火，由『名稱』重燃，作無量利樂，斯卽『勝處士』。」

偈中第二句「名稱」，是大師出家法號；第四句「勝處士」，指嘎登派。按嘎登，爲覩史陀之翻譯，卽具足喜樂的勝地。

（二）造隱語詩

己丑年夏天，大師應阿喀僧俗之請，赴桑丹領（bsam-gtan-gling）寺，爲大衆講授「集密圓滿次第」及「五次第論」。講授完畢，隨卽閉關，著「集密圓滿次第釋」。

造釋時，大師頻頻向上師、本尊祈禱，請求加持，因而常感集密文殊金剛現身等瑞相。大師均以隱語詩，將經過情形一一記下。其大意是這樣：

己丑年十二月初三的晚上，大師夢見十九尊文殊菩薩的大曼陀羅。文殊菩薩手提淨瓶，告訴他說：

「這瓶子裏的水，是過去阿底峽住那塘吉水邊時，和文殊、彌勒兩大菩薩，討論法、報、應三身，以及法、色二身法義所和合的水。從阿底峽到現在，已經有三百多年，一直無法找到託付的人，如今你是最好的人選，我把它交給你。」（這裏說瓶水，是討論三身和二身法義所和合的水，是不了義的說法；事實上是密指把阿底峽尊者的教典、教授、教誡三派傳承法義，傳授給大師。）

十二月初四的晚上，大師夢見布頓仁波切坐在一張大寶座上，正在為大眾傳授「集密根本經」。整部經講完之後，仁波切很愼重的囑咐大師說：

「今後，你就是這部經的主人。」

當時大師心想：

「這部經後面，到底有沒有缺漏？」

於是大師把經翻開，從頭到尾詳細的檢查一遍，結果發現整部經完好無缺。後來仁波切雙手捧着經，放在大師的頭上，口誦灌頂眞言，並以手印加持三次。

十二月初五，大師對於噶舉派祖師瑪爾巴上師，所傳之和合修法（睡與死有合修法、夢與中有合修法、醒與生有合修法等無上瑜伽密），獲得堅固不謬的見解。

十二月初六，大師領悟瑪爾巴上師所傳的這些合修法，就是「集密根本經」和龍樹菩薩中觀見之正義，並獲得決定見。

十二月初七，大師閱讀提婆之「菩薩攝行炬論」，生起殊勝的定解。

(三) 嘎登寺開光

庚寅年（一四一〇，大師五十四歲）年初，噶登寺寺宇佛像落成。大師於二月初五至嘎登寺，舉行開光法會（佛像造成後，擇日設供加持，謂之開光），並爲大衆講「菩提道次第廣論」、「集密月稱釋」、「五次第」、「集量論」、「瑜伽師地論」、「因明論」等。

這年，大師著述「集密四天女請問經釋」、「智金剛經集釋」，並開始著「五次第釋」（這部書，於第二年造成）。

(四) 消災延壽

過去大師住聶地僧格宗時，妙音天女曾現身告訴他說，五十七歲時將有壽難。文殊菩薩也特別囑咐，叫他在這段期間，專修對治壽難的密法；並說，一旦延壽之後，對衆生和正法都大有饒益。

辛卯年（一四一一），大師五十五歲，他為了事先遮止災難，於是和三十多位高足，閉關專修大威德金剛密法。每天午前修增益，午後修息災。

大師和徒衆如是精進的修持，直到壬辰年，雖然參加共修的人加至四十多位，却仍然未獲得有效遮止壽難的徵兆。然而這段期間，大師果眞如妙音天女所授記的，證得樂空和合之妙智，引生四種歡喜，和四種空性的功德。

是年秋天，大師見未獲遮止之相，深恐明年的災難，將無法避免，於是對弟子們說：「以種種跡象看來，以後我恐怕無法再繼續為你們講經了。為了祈願密教大行於世界，今天我想將密部的奧旨，扼要地替你們鈎提一下。」

徒衆們乍聽之下，惶恐萬分，深怕因此而失去大依怙，遂殷重至誠地央求大師說：「如今災難之期，已迫在眉睫，我等祈願大師慈悲，體念衆生失離依怙之苦，請暫時放棄講經，繼續專修啦！弟子雖不敏，也願盡力助修。」

大師因徒衆至誠哀請，於是從壬辰年（一四一二，大師五十六歲）八月初七，共三十多位弟子，再次住關專修。其他弟子，也各自閉關助修。

十一月中旬，大師的病情逐漸加重。最嚴重時，竟至二十多天不能入眠。大師病情雖然如此嚴重，但修持並未因此而中輟，飲食起居，也跟平常人一樣，所以徒衆根本不知道大師嚴重的病情，與身內所受的痛苦。

十二月十三日的晚上，大師在三摩地中，見到堅固的瑞相，因此很高興的告訴大衆說：

「如今吉相已現前，成功在望，大家更應集中心力，猛利修行。」

當時，大阿闍黎達瑪仁勤以及全體僧衆，一意爲大師助修，雖至除夕、新年，仍然不肯中斷。其他道俗，也惟恐大師離去，盡力布施培福，供養三寶，祈願大師住世。

師徒這樣不斷的修持，到大師五十七歲時，又選出七位具足清淨三昧耶戒的弟子，修本尊法；於大威德金剛具有證量的弟子，入室與大師共修。大師白天修大威德密法，晚間則住大樂不空三摩地，以防範非人、妖魔的留難。

於大師教法作逆緣的，總共有四個大魔。數年前，大師在阿喀講「密宗道次第廣論」時，曾降伏一個魔；此魔已立下誓言，絕不再作亂，並安住於三昧耶戒。大師這次閉關時，又有一魔前來投首認罪，請求寬恕，並發重誓，願永久護持大師的教法。

又有一次，大師和徒衆正專心修持時，就在定中，見虛空中有釋迦牟尼佛，身金黃色，放大光明，威德巍巍，結大伏魔印。大師以定力迎請，攝入自身中。剎那間，大師對於各種災難，得大無畏力。這時，見到六臂嘛哈嘎拉和閻羅法王，以金剛索繫住一個妖魔的頸子，合力牽到大師的座前，以利刃砍下他的頭。就在這個時候，師徒都聽到外面有許多非人大喊：

「敗了！」

衆妖魔於是作鳥獸散，向十方遁去。

第二天，六臂嘛哈嘎拉又牽來一魔，跟昨天一樣，也把他殺了。至今四大魔已消滅殆盡，大師之法體遂逐漸恢復健康。

這時，本尊現身授記說：

「今後，你必須勤修生起、圓滿兩種次第，不久之後，就可證得最究竟位。你弟子中，有七位較具善根的，也將各有所證。」

大師身上所有病亂，於甲午年（大師五十八歲）六月初五，全部痊癒。

（五）爲藏王之弟授比丘戒

乙未年（一四一五，大師五十九歲）夏天，大師受藏王扎巴堅參之請，赴聞地札希朶喀寺（bkra-shis do-kha）安居。爲丹薩替寺、孜塘寺等住持，及數百名三藏法師，廣轉「中論」、「釋量論」、「菩提道次第廣論」及「入菩提行論」等深廣法輪。

由於大師躬弘戒律，戒德清淨，因而向大師求戒的人有很多。大師住札希朶喀寺時，也曾應丹薩替寺住持瑣南桑布（sbyan-snga bsod-nams bzang-po, 1380–1416，藏王胞弟，在此之前，已是大師的弟子）之請，爲他正授比丘大戒。

（六）根敦主巴謁見大師

根敦主巴（dge-'dun grub-pa, 1392–1474，義譯爲僧成），他是目前西藏政教領袖達賴喇嘛的第一世。明太祖二十五年，歲次壬申，生於薩迦寺附近的牧場。父親名叫「統薄多傑」，母親名叫「覺摩曩吉」，是牧場的主人。

根敦主巴剛出生的那天晚上，恰逢盜匪來搶劫，他的母親來不及帶走他，遂將他藏在亂石堆間。第二天早晨，衆人尋找他時，看見一隻老烏鴉在他的旁邊守護着，爲他防護各種野獸的傷害。衆人看到這種情景，都感到很不可思議，說他一定是再來菩薩。

根敦主巴自幼行儀端莊，不作孩童嬉戲。因他家遭受盜匪洗劫，生活非常困苦，所以很小就幫助父母放羊。父親去世時，他親手抄藥師經，代父廻向。十五歲時，禮拏塘寺住持成就慧大師出家，學習各種經論和密法。二十五歲隻身到前藏，從茶主寺滾桑巴仁波切學習因明和中論。

乙未年大師住札喜堺喀寺時，根敦主巴因深仰大師之學德，於是隨侍滾桑巴仁波切往朝大師。

根敦主巴於大師座前，請問許多「釋量論」之疑難，並聽講「辨了不了義論」、「中論疏」、「上師五十法頌疏」、「密宗戒疏」等不共深義。他因智慧明利，故深得大師的嘉許。

當時，大師深知根敦主巴，有弘揚戒律的因緣，因而賜他一件穿過的五衣。此後又有一次，根敦主巴爲了受持清淨戒律，而將前往卓薩寺學戒，臨行時大師送他一塊金子，作爲學戒的順緣，並稱讚他說：

「你能以『願行持之心』來學戒，眞是希有難得。今後你當努力弘揚聖教，令其光顯。」

後來根敦主巴親近宗喀巴大師，和克主傑多年，具得大師之不共教授。丁卯年（一四四七），依師長及本尊記莂，創建札什倫布寺，攝御大衆，講授大師之清淨教法。遂使大師之法雨，普潤後藏一切衆生。他又著有「戒經疏」、「因緣集」、「正理莊嚴論」、「釋量論疏」（此書，臺北佛教書局目前已有流通）等書，盛行於世。

（七）絳陽却結建哲綳寺

絳陽却結(hjam-dbyans chos-rje，義譯爲妙音法王），法名叫札西貝敦(bkra-shis dpal-ldan, 1379–1449），是宗喀巴大師的上首弟子。他記性特佳，如「大般若經」、「寶積經」、「華嚴經」等，都各造一部筆記；並受持顯密經論一百零八部，凡有講說，不須要經本，直接靠背誦。在大師衆弟子中，他是聞持第一。

乙未年，大師住札喜垛喀寺爲大衆講經時，有一天，對絳陽却結授記說：

「你如果興建道場，法緣將會比母寺（嘎登寺）和各子寺，更興盛，更圓滿。」

大師說完，又取出從寂滅山（雪山）中開藏所得的法螺，授給絳陽却結，以作廣弘正法的瑞應。

（宗喀巴大師過去在釋迦牟尼佛的法會上，聽佛說：

「誰願意在末法時，住五濁惡世建正法幢？」

當時大師雖然尚是童子，聽了這句話，馬上以一顆水晶球供養佛，發願前往。釋迦牟尼佛很高興，特地送他一個法螺作爲授記，並將法螺藏於雪山中，大師弘法時，才從山中開藏取得。此法螺目前仍然留在嘎登寺，人人可朝。）

絳陽却結接過法螺，心裏想：

「修學密法一切成就的根本，就是恭敬上師。因此，我應謹遵上師所囑咐，勵力奉行。」

當天晚上，絳陽却結夢見一條大河，河水湍急，河岸擠滿無量無邊的衆生。他們雖極想渡河，却沒有任何有效的辦法，絳陽却結深生悲愍，於是縱身一撲，雙手剛好碰到對岸，他的軀幹宛如一座弧形的橋樑。衆生因藉他的軀幹，而到達彼岸。

翌日，絳陽却結醒來，知道這個夢兆，是表示他建寺弘法，必能饒益無量衆生的瑞相，因此很高興，立即籌劃建寺，四出勸募。於丙申年（一四一六），以內鄔官家南喀桑布為主要施主，動工創建哲蚌寺（hbras-spuns）。開工時，大師曾親臨加持地基。

（八）一天之中理頭髮二十一次

大師住札喜垛喀寺時，有一天，來了一位菩薩化現的塑師，為大師鑄塑聖像。這位塑師，手工極為精巧，塑造聖像之速度又非常快，一天之中，塑大師像二十一尊。這些塑像，栩栩如生，十分酷似大師，連大師見了，都讚嘆說：

「這些塑像眞像我呀！」

為了替這二十一尊「大師聖像」裝藏，大師也示現令人無法思議的事，他在同一天中，理頭髮二十一次。每一尊塑像，裝一份頭髮。這些聖像，至今仍然存在札喜垛喀寺，是大師像中，最具加持力的塑像。

（九）著菩提道次第略論

乙未年秋天，大師自札喜垛喀寺返回嘎登寺後，即抉擇一切宗法，著「集密月稱釋疏」，及「集密決斷攝義科判」等書，以顯集密之不共勝義（今存大師著述中第四函和第五函）。

又由於大師過去所造的「菩提道次第廣論」，文義包含廣博，一般少慧有情，難為奉持。因此本尊囑咐另造略本，以攝受下機，大師遂於廣論中擇取要義（略去破立教證），造「菩提道次第略論」。

（十）興建廣嚴殿

大師自從著述「集密月稱釋疏」，及「集密決斷攝義科判」後，就恒常講演密法，未嘗間缺。有一次，大師正在傳授密法時，心想：

「密續中說，未得密法灌頂的人，以業障未清淨故，佛陀制戒不得見密法壇城。如今在大殿中舉行密法供養，這是不合密續本意的。爲了遵依密宗戒律，應當另外再興建密法殿才好。」

於是大師開始籌劃興建專修密法之廣嚴殿（在嘎登寺內）。由於大師悲願之感召，一時四方信施薈萃於此，所供養的物品，多得不可勝計。大殿遂於乙未年奠基，丙申年建成。丁酉年三月，大師延請精工巧匠鑄塑佛像。在廣嚴殿中層，塑造比大招寺稍大的釋迦牟尼佛聖像（赤銅鍍金）；大殿的上層，各依儀軌，建立「集密三十二尊」、「勝樂六十二尊」、「金剛界」等三大曼陀羅。「集密三十二尊」和「勝樂六十二尊」等曼陀羅中，集密金剛、勝樂輪金剛各用生銀一百兩；五方佛和諸瑜伽母等聖像，也用生銀塑造；其他佛像和宮殿，則用赤銅製造，外表鍍金。「金剛界曼陀羅」之主尊，用生銀不滿百兩；其他十二尊佛像，各用生銀七十多兩；宮殿亦是赤銅鍍金。

此外，又鑄鍍金之文殊菩薩、無量壽佛、大威德金剛等佛像，高約三尺；佛頂尊勝、大白傘蓋等佛母像，高約一肘。更以綢緞、香藥等材料磨成粉，再搗成泥，塑造大威德金剛佛像，高約十七搩手。全部佛像，都以種種珍寶作爲莊嚴。

聖像於年底全部竣工，大師依照大威德金剛之儀軌廣作開光，並聚集無量持戒之僧俗，舉行供養法會。開光時，瑞相屢現，都是空前所希有之吉兆。此後衞藏各地，連年風調雨順，穀物豐稔，國泰民安。這都是興建廣嚴殿，獲得諸佛加持、護法擁護之功德啊！

（十一）廣轉時輪密法

戊戌年（一四一八，大師六十二歲），大師因四方僧侶和原有徒衆的勸請，於嘎登寺，爲大衆廣轉顯密法輪。

法會中，大師特別講演時輪金剛大法。時輪密法，有許多地方和其他密法不相同，因此一般學者多加破斥。宗喀巴大師則以無垢智慧，了知這是一部最高深、最殊勝的密法。

時輪金剛法，傳入西藏有兩派，一是月怙論師所傳，一是惹法極譯師所傳。布頓仁波切最初從金剛幢，學習惹法極譯師所傳之教授，後又從聖光大師學習月怙論師所傳之教授，然後將兩派之時輪密法傳給却吉貝瓦仁波切。却吉貝瓦仁波切專精時輪大法，後來將此大法傳給宗喀巴大師。

宗喀巴大師於此法會，大力弘揚時輪密法。此密法遂盛行於西藏，肇基黃教。

（十二）著述入中論善顯密意疏

月稱論師是七、八世紀中，印度薩曼達國人。他修學無上密法，證得最究竟位，得如幻定，成就任何違緣都無法動搖之殊勝悲智。在佛護論師之下，他是中觀派中，最能遣除衆生實執，光顯龍樹菩薩深廣理趣的大阿闍黎。（月稱論師是中觀應成派 prasaingika 的創始人。）

「入中論」是月稱論師所作。他以菩提心的十種分位，採用「華嚴經」中的十地名字作爲品名，而分別寫成十品。其中第六品（占全書三分之二）菩提心現前地中，發揮他獨特的見解，廣破唯識。他的觀點不但不共唯識，卽使是解釋龍樹、提婆意趣的其他中觀派，亦有所不同。在西藏，這部「入中論」被視爲中觀派論著的代表作。

然而這部「入中論」文義深邃，極難通達，因此在戊戌年大師住嘎登寺的時候，首先由善吉祥大善知識，供養大師以四十兩銀子打造的曼陀羅，復由許多信解「入中論」，慧力殊勝的大善知識，殷誠勸請大師造一部文義淺顯，總義明確，並廣爲解「入中論釋」（月稱論師造）諸疑難處的大疏。大師因而着手作疏，顯彼密意。這部書於此年（一四一八）圓滿完成，取名叫「入中論善顯密意疏」（佛教大藏經第一四八册七六三頁，佛教書局亦有單行本流通）。

（十三）釋迦也協建色惹寺

釋迦也協（sākya ye-shes, 1352–1435，蔡貢塘人）是大師八大清淨弟子之一，也是福德和學問最好的弟子。永樂十二年（一四一四），釋迦也協代師晉京，永樂十四年（一四一六），他自中國京城返回西藏，並將明成祖所賜的佛經、佛像、綢緞、金銀寶器、玉石等無量物品，全部供養給宗喀巴大師。

戊戌年（一四一八），釋迦也協遵依大師之囑咐，於色惹却頂創建色惹寺（大乘洲）。此後，他又陸陸續續修建色惹下院和吉寺。

經過一段時間，藏王大在又重建色惹寺大殿，做爲俄果寺（藏王專用的寺），並延請棲讓寺（藏王的舊寺）中，所有仁波切和一切僧衆，進住此寺。這座俄果寺，就是現在色惹寺之密宗院。

色惹寺藏有許多極爲殊勝的法寶。大殿中，有比丘瑪巴摩（義譯爲華比丘尼）所供奉的惹欽觀音聖像，非常靈異。

（比丘瑪巴摩，本來是藏王的女兒。她長得明眸皓齒，十分漂亮，因此有許多王子和富家公子，常帶來無量寶物和錢財向她求婚，但都未談成。公主在十六歲那年，忽然染上惡性癩病。病情傳出以後，不但求婚者退避三舍，不提婚事，就連平日最疼愛她的父王與母后，也都因此不再來探問她。

公主由於飽受病苦的折磨，和世人的歧視與冷落，感到很傷心，於是獨自離開王宮，躲入渺無人跡之大雪山的山洞裏，殷勤禮拜觀世音菩薩，祈禱菩薩解除她身心所受的痛苦。她每天除了吃一些野草外，其餘的時間，均不停的禮拜觀世音菩薩。這樣經過了十二年，有一天，她在禮拜菩薩時，忽然見到觀世音菩薩佇立在面前，一時身心感到無比清涼，癩病遂即痊癒。

此時，她啓白觀世音菩薩說：

「我見過許多傷天害理，倚權仗勢，包藏禍心，怙惡不悛的野蠻衆生，其惡劣之程度，恐怕連菩薩都救不了他。請問菩薩，若要救渡這些人，到底有何辦法呢？」

菩薩回答說：

「我救渡衆生的方法有很多種，每一種都是隨衆生的需要而顯現出來的。」

菩薩說完話之後，立刻變成十一面觀音，並將最靈感的密法傳授給她。菩薩囑咐說：

「末法衆生根性低劣，剛強難調，這個密法是救渡他們最好的法門。今後你可以用此密法，去救這些不容易救渡的衆生。」

菩薩說畢，化一道白光，瞬間消失於空中。

公主受到觀世音菩薩的加持，獲得大成就後，卽刻返回家鄉。家鄉附近的人見了，嘖嘖稱奇，覺得她不但神奇般地醫好難治惡疾，同時還顯得容光煥發，比以前更美麗，更動人，因此又有許多年輕人前來求婚。然而此時的公主，早已悟出世間無常，汚穢痛苦，遂毅然決然地放棄所擁有的榮華富貴，出家爲比丘尼。後來她以十一面觀音的密法，救渡了無量無邊的衆生，成爲十一面觀音密法的第一代傳承祖師。西藏人稱她爲「比丘瑪巴摩」。如今整個西藏和印度，幾乎沒有人不知道，這位「比丘瑪巴摩」（華比丘尼）大成就者的大名。」

此外，色惹下院又供奉一尊戒香釋迦牟尼佛聖像；色惹吉寺供奉一尊會說話的馬頭明王；密宗院供奉一尊會說話的緣拉絨尊者之聖像（十六羅漢之一）。寺中並藏有甘珠、敦珠大藏經等十萬本以上的法本。

嘎登寺、哲蚌寺和色惹寺，號稱藏中三大寺，它不啻是弘揚大師敎法的地方，更是全西藏的文化中心。

讚曰：「色惹嘎登及哲蚌，世稱根本三壇城；
慈心怙主留神跡，密院傳承大法精。」

十五、最後渡化　有緣衆生

（一）往朶壠沐浴

大師對於聖教和有情，作了廣大希有之事業後，觀察有緣渡化的衆生，已卽將渡盡。大師爲了渡化最後有緣衆生，及結未來殊勝因緣，並謁辭釋迦牟尼佛聖像，因此接受徒衆的邀請，前往朶壠（stod-lung）溫泉。

己亥年（一四一九，大師六十三歲）秋天，大師自嘎登寺出發，先到拉薩大招寺，謁禮釋迦佛聖像，並陳設供養，祈禱發願。大師發清淨願後，就直接前往朶壠。因爲大師此行的目的，並非爲了沐浴，所以到了溫泉，只洗洗脚而已。

大師離開溫泉後，爲朶壠地區聚會的道俗，宣演法義，並接受供養，使他們種下無盡的善根，和培修殊勝的福業。法會期間，大師住處的天空，出現祥雲密集，和佈滿五彩霞光等瑞相。

（二）結下佛法永住之緣

朶壠法會結束後，大師又前往哲綳寺，爲二千多位善知識，宣演「菩提道次第」、

「那若六法」、「入中論」，以及「集密」等甚深法，並接受一切僧衆之總供養。

過去大師對在家衆宣講法義，只限於講經，至於有關教授之法類，多不傳授，尤其「菩提道次第廣論」這部書，更爲禁止。如今大師爲了種下未來殊勝因緣的種子，遂大開方便門，取消不傳俗人之禁。講演時，不論是僧是俗，人數多寡，先到後到，一律爲他們講授，毫無保留。因此參加法會的大衆，無不踴躍歡喜，滿載而歸。

法會期間，有五彩霞光，自空中向下直立，豎於法場中，遠遠看起來，宛如彩柱一般。又大師爲哲蚌寺密法殿開光時，有大地震動，智慧聖衆入聖像等瑞相。這些聖像，因而成爲末世衆生之最勝福田。

大師平常講經，除時輪金剛經外，從來沒有只講數品就結座的規矩。但這次講「集密經」期間，有一天，他遙望嘎登寺後，若有所思，遂講至第九品，就結座說：

「我有要事，必須卽刻回嘎登寺，『集密經』就此結座。」

諸位施主和徒衆聽了，感到很難過，央求道：

「請大師慈悲，允許再住一個月或半個月，以期這部『集密經』講述圓滿。如果實在沒空，也請隨文念誦一遍，再請圓滿結座。」

大師回答說：

「現在我必須急速回母寺講『菩提道次第廣論』和『集密根本經』。有關這部經的意樂，我昨天已結訖過了，你們就不必哀求了。」

大師遂辭其請，返回嘎登寺。其實大師講經不待圓滿就結座，主要是表示法筵未散，為結未來因緣，令佛法永住也。只是當時施主和徒衆，不解其意罷了。

(三) 付囑弘揚密法

大師回嘎登寺途中，又再次前往拉薩，朝謁釋迦牟尼佛聖像，並供養發願。此時，色惹寺已竣工，釋迦也協殷勤迎請大師至色惹寺，為大衆說法。法會期間，大師因念藏中眞正清淨的密法，已隱沒多時，雖然經大師極力弘傳，造就很多講經、傳法的法將，但仍缺乏弘傳密法之根本基礎。因此囑咐釋迦也協，務必興建密教院，以建立講聞密法的清淨道場。

大師又為結未來之殊勝因緣，師徒在色惹寺，作半個月一次的誦戒會（每半個月聚集僧衆，朗誦二百五十條戒律，檢查僧衆有無違犯，音譯曰布薩，意譯曰長淨事）；並將「集密」和「勝樂」二部根本經，各講一座。

在無量海會中，大師手捧「集密四疏合解」，問大衆說：

「有誰能受持這部經之講授儀軌的？」

大師連問三次，始終無人敢答。這樣又過了很久，大師之高足羅追僧格（blo-gros

seng-ge ，義譯爲慧獅子），才起座向大師頂禮三拜，說：

「我願受持！」

羅追僧格說畢，從大師手上接受這部經。大師非常高興，深感傳法得人，因此安慰他說：

「你不必擔心，我已將此部密法，付囑閻羅法王（宗喀巴大師的護法）了。將來你到後藏時，那邊有一座像『金剛鈴覆蓋』般的山，山上住一位修大威德金剛的瑜伽師，他會弘揚你的教法；又有一座像『羅刹女仰臥』般的山，山上住一位夜叉女，她也會弘揚你的教法，其他的事，以後你自然會明白。」

大師授記之後，又將開藏所取的閻羅面具、骨杖、繩索等法寶，賜給羅追僧格。並爲他傳授「受持講密法」之灌頂。

（四）廣結善緣

大師自哲綳寺回嘎登寺途中，爲廣結未來之善緣，只要不重複，任何地方的迎請，他都慈悲應赴。

有一次，大師受扎噶綜主之請，到大樂頂講經。法會中，大師告訴扎噶綜主說：

「大樂頂是極爲清淨的地方，你應當在這裏，建立一座以戒律爲基礎的密宗道場。」

大師囑咐之後，四方供施雲集，扎噶綜主亦深生信樂，立即動工興建，並請大師預作開光。大師回答說：

「應該的，應該的，現在如果不預作開光，將來恐怕沒機會了。」

大師竭力為之開光後，還至德慶，又受扎噶主亦 (brag-dkar grub-bzhi)之請。大師住主亦時，當天晚上，每個人都聽到響亮的揵椎聲，雖然經過徧處查看，却沒有人知道聲音究竟是從那裏傳來的。原來此非人間揵椎，而是天衆招聚之聲，顯示大師即將入涅槃矣！

大師由德慶還至嘎登後，即刻上廣嚴殿，告訴大衆說：

「你們趕快陳設供品，現在我要修密法供養，這地方我無法常來了。」

大師於如來聖像，以及集密、勝樂、金剛界等三大曼陀羅前供養完畢，因施主們之請，到嘎登寺大殿，接受衆人供養。此時，大師為令正法永住，現世後世得到究竟圓滿，雖無人請說，自動為大衆廣講「極樂發願文」。

讚曰：「廣結勝緣方便開，祥光五色自天來；
加持佛像地宏震，付囑閻羅護法財。」

十六、教化圓滿　肉身住世

(一)示現圓寂

大師眼看該渡的衆生，已經渡盡，遂於十月十九日，回到嘎登寺自己的臥室中。他坐定後，自忖道：

「如今該作的事已經辦妥，我心得到究竟安穩矣！」

大師爲了救渡衆生，令衆生棄捨常見，因而在回到嘎登寺的當天中夜，示現輕微的病容。第二天，所有僧衆惟恐失去大依怙主，遂急請大師住世，並作誦經等法事。下午，大師告訴大衆說，他全身稍感疼痛；但到了中夜，大師又示現昏迷狀態。到了第三天晚上，大師囑咐寶幢仁波切說：

「今後，你要和達瑪仁勤，好好住持嘎登寺呀！」

十月二十三日，持律扎巴堅參和大阿闍黎達瑪仁勤，跪在大師座前。達瑪仁勤哀求大師說：

「惟願大師慈悲，爲我指導將來弘法利生之心要。」

大師因過去已囑咐他住持正法，所以不再重複指示，只取下自己所戴的黃帽，放在達瑪仁勤的懷中，並授給他一件法衣（意思是要他繼承法位，卽法王灌頂），說：

「你當明白此事的密意，好好修菩提心啊！」

這是大師一生中，最後的教授。

自此以後，大師示現病邪，日益轉盛，但卽使是最嚴重的時候，也仍然每天修四座瑜伽，從無間斷。

十月二十四日後夜，大師廣修薄伽梵勝樂輪之內供法。這時，雖現出種種希有境界，但侍奉大師的弟子，惟恐驚動大師，都未敢請問。

十月二十五日黎明，星光欲沒，朝陽正昇之時，大師遂入大定，三種空次第攝入一切空性，現證光明法身眞勝義諦。嗚呼慟哉！此乃是三界大法王，人天大導師，示現涅槃之相也。

（二）涅槃瑞相

大師示現疾病時，身體略見消瘦，至粗息內攝後，身體突然又現出圓滿相，成為內外通明之光明幻體。尤其是他的面孔，容光煥發，年輕得像十二歲的童子一般。這時，大師身上發出的光明，衆人所見都不盡相同，有人見爲紅黃色，有人見爲黃白色，更有人見爲眞金色。這種希有妙相，正如文殊師利童子，「外御隱珍之服，內住等持之定」一樣。

大師住光明定時，天空異常澄淨，絲毫沒有一點雲翳；圓寂後四十九天中，又無微風飄搖，因此大衆所供的酥燈，雖然遍滿整個大寺的內外，却從來沒有發生過，燈焰傾動或熄滅之事。

每當夜闌人靜時，空中時常傳來微妙悅耳的天樂聲。五彩繽紛的花朶，頻頻由空中散落，紛飛如雨；白色的天花，光耀如眞珠，從空中降落時，宛如滿天明月，紛紛下墜一樣。嘎登寺的上方，有純白色的光柱，上豎如幢幡；寺的兩旁，以及寺前，祥雲聚集，佈滿五色霞光。

（三）最正確的供養

大師圓寂後，有數百名徒衆，於密壇前，以內、外、秘密三種供養，供養大師。並發廣大願：願生生世世值遇大師，領受大師甘露法，以大師爲大乘知識力，依教修行，急速證得大金剛持位。

這時，前後藏各大道場，也都紛紛放茶施供，廣培勝福。然而有一些善知識，因突然失去大依怙，憂惱纏心，痛哭莫名，而逐漸荒廢聞思修。大師心子克主傑看了，馬上提出糾正說：

「近來有許多出家衆，如果碰到親教師、阿闍黎等圓寂時，往往哀傷過度，廢棄聞思修等一切善行，留髮過長，穿俗家喪服破壞僧相，屍體收斂在佛殿中，張掛哀悼輓聯等，一切均極盡世間恩愛之能事，如同俗家辦喪事一樣。然而現在我們應恪遵大師之教誡，遠捨世間習俗，隨順佛陀教法。也就是說，任何人遇到這種『生死無常』時，不要像世間常人一樣，只是徒然苦悶、煩惱，而是應了解：

一切有爲法，都呈無常相，
積聚皆銷散，崇高必墜落，
合會終別離，有命咸歸死。

『生死』對每個人來講，都是無可避免的事實，所以當於此事，深生怖畏厭患，一心欣求出離，勵力勤修教證二種法輪，圓滿大師之志。這種隨順大師意樂的做法，就是對大師最大的供養。」

克主傑深具正法慧眼，以及佛法之扼要，他依大師勉勵大衆修行之本意，慈悲教導後學，令大衆脫離這種惡習，期使無垢正法，永住世間。

(四) 造大日如來聖像之用意

大師未圓寂以前，曾令鑄銀身毘盧遮那佛聖像一尊（毘盧遮那佛，即胎藏部之大日如來）。造好之時，由繼任嘎登墀巴法位的達瑪仁勤，依儀軌爲之開光。當時，有很多人不知道大師立此聖像的用意，正起疑念間，克主傑馬上明白他們的意思，於是對大衆說：「昔日大師之所以建立『集密三十二尊』、『勝樂六十二尊』，及『金剛界』等三大曼陀羅，是想藉此因緣，挽回無上瑜伽和瑜伽兩部密法逐漸衰微之頽勢，以增長教法。然而現在若不積極弘揚此行部密法（胎藏部），恐怕連其他密法也將隱沒殆盡。大師爲了令聖教密藏常光顯，故鑄造毘盧遮那佛聖像，廣弘行部。」

修學密法，如果僅修學四部中之一部，或二部，乃至一經、一密法，都無法了知總道宗要。如果眞要利益衆生，善顯秘密義，一定要四部密法同時弘傳。克主傑是大師弟子中，最能明白大師心意的人，這次經他主動的解釋，衆人遂渙然冰釋。

(五) 末法中之最上福田

大師圓寂後，關於遺身的處理，有人建議火化，有人建議留肉身等，衆說紛紜，莫衷一是。然而大師之上首弟子，都認爲若留肉身，對如來正法之弘揚，將大有饒益；況且大師昔日住拏却壠時，本尊也曾爲大師授記，叫他務必留肉身。所以衆人最後決議，以留肉身爲最上策。

爲了安置大師的肉身，四方信施供養九百多兩生銀，建造一座大銀塔，銀塔四周，又以無量寶石莊嚴。大師肉身安置於內，外表以法衣覆蓋，面朝向東北。（面朝向東北，表示大師的教法，將傳佈於蒙古、東北，以及中國內地。）

止公地區的信徒，又爲大師興建一座新殿，並鑄造鍍金釋迦牟尼佛聖像一尊。佛像身量比大招寺的佛像還高一個手肘。當大師肉身晉住新殿時，空中霞光徧照，天雨寶花，天樂齊鳴。

大師圓寂以後，肉身略爲縮小，肌膚外表呈枯乾狀，但肌肉內部，却仍然稍帶柔軟。戊辰年（一九二八年，距大師圓寂有五〇九年），因宗喀巴大師肉身塔年久漸壞，第十三世達賴喇嘛遂重修新塔。新塔以純金造成，外鑲無量珠寶，價值好幾億。新塔落成時，達賴喇嘛請好幾位守戒最極清淨之轉世大佛爺，從舊塔迎出宗喀巴大師。據一位參加迎請大師肉身的佛爺說，當他扶住大師手臂時，覺得大師的肉身，並非乾枯僵硬，而是略帶柔軟，跟剛圓寂不久一樣。又因大師的頭髮比圓寂時長了許多，遂略加整理。這位佛爺得了一份大師的頭髮，沒經幾年，這些頭髮又長了不少。宗喀巴大師肉身塔，五百多年來，瑞兆屢現，實爲末法衆生之最上福田。

(六) 圓根燈會

庚子年（大師圓寂後的第一年）十月，嘎登寺諸位金剛阿闍黎，和數百名僧衆，各修「集密金剛」、「勝樂金剛」、「大威德金剛」、「歡喜金剛」、「時輪金剛」、「大輪金剛手」、「無量壽」、「金剛大日如來」等多種密法，廣行供養。供養法會之當天和次日，天雨各種顏色的寶花，花色如眞珠，晶瑩剔透，花分六瓣，花梗具全。

十月二十五日，正是大師圓寂一周年的紀念日。這一天，空中不斷飄落寶花，數量比以前更多，形量也更大。花落在地上，整片雪白，舉目一望，猶如十二月瑞雪。（各種顏色的花都有，其中以白色最多。）

二十五日那天，內鄔官家叔姪等，迎請釋迦也協到惹喀扎，與無量僧衆廣修紀念供養。當天，亦有天雨寶花等瑞相。

自此以後，一直到現在，西藏、蒙古，以及中國五臺山等地方，不分宗派緇素，在每年十月二十五日那天，都興起燃酥燈等紀念供養。西康附近，剛開始幾年，因燈盞不敷使用，遂有人刻圓根（即蔓菁）代替，以補不足。這就是有名「圓根燈會」之由來。

讚曰：「現證光明最勝身，祥雲天樂散花頻；
空行供獻聖依怙，末世羣生增福因。」

十七、大師再現　教釋疑網

（一）獅子吼如來應正等覺

宗喀巴大師未出世以前，比丘戒律在藏地曾經一度廢弛，後來經大師大力倡導，才挽回了這股頹流。大師爲了繼續住持如來聖教，惟恐昔日頹風重演藏地，因此以身作則，嚴持比丘清淨戒，而選擇中陰身成佛。由於這個緣故，他修無上密法圓滿次第時，未依羯磨印，以致在化緣示盡時，於死有位現證法身，中有初現證幻身（卽中陰身成佛）。

大師雖已成佛，然與釋迦牟尼佛在此世界所示現的八相成道不同，按「法華經」第十六如來壽量品中說：

「自我（指釋迦牟尼佛）得佛來，所經諸劫數，無量百千萬，億載阿僧祇，常說法教化，無數億衆生，令入於佛道。」

又「不共密教」及「無垢光」亦說：

「我等大師（指釋迦牟尼佛）久已成佛，今於此間示現成佛。」

以上很明顯地指出，釋迦牟尼佛示現人間成佛，並非新得道，乃是久遠劫以來卽已成佛。如今宗喀巴大師雖然在釋迦牟尼佛的教法中證得大菩提，然而他在有情世間，仍未顯現八相成道之佛事，所以沒有「一教法中有二大師」的過失。

宗喀巴大師於己亥年（一四一九，世壽六十三）十月二十五日成佛後，上升覩史陀天內院彌勒菩薩座前，法名曰妙吉祥藏。大師未來示現八相成道的佛號，名曰獅子吼如來應正等覺（廣如經中授記云）。

（二）憶念上師的功德

大師成佛後，圓滿受用身徧盡虛空，隨緣垂濟，其無量無邊之功德，實非如幼兒智慧般的人所能了解。如今僅略述大師爲克主傑五次現身的情形，分別如下：

有一次，克主傑爲大衆講經時，見一般衆生，貪着五欲，馳逐惡法，不肯至誠學習如來正教；有一部分人，雖然發心修學菩薩道，奈何缺乏揀擇正法的慧眼；又有一部分人，由於福德微薄，遂隨逐惡友，親近惡知識，雖有好心，徒招苦果。他觀察之後，爲這些愚蒙衆生，感到無限的悲哀，眼淚不覺撲簌撲簌地流了下來。

克主傑因而回室，於密壇前，想到：

「這些愚蒙衆生，之所以無法依止具德大善知識，完全是宿無福德所致。

「衆生因外無具德善知識指導，內又有煩惱覆心，所以產生種種顛倒妄想。比如一切有爲法，明明是無常，却計爲常相；諸法本性空寂，却執爲實性；世間一切受用，本是虛幻不實，却執爲快樂的源泉，而拚命去鑽求；現世名望，有如谷響，却執爲究竟。衆生如是費盡心力，貪圖滿足六根慾望，於是愈追求，愈墮入痛苦的深淵中。

「如今大師之顯密教法、一切善說，以及金剛持秘密扼要之處，全部遠離微細錯誤。然而由於衆生不具夙根，我雖日夜不停的講說，他們却仍然無法領受大師之無上甘露法味。甚至還有人去親近那些極愚至痴、乏學無知、迷於取捨、等同畜生的惡知識，聽聞一些自讚毀他、虛妄、綺麗、邪命的教法。

「這些如母衆生，如果能通達佛法心要，直證佛地，那是多麼令人興奮啊！

「但是他們却偏偏不念無常，爲現世名聞利養所迷亂，而逐漸步入邪道，永沉輪廻。悲夫！」

克主傑想到這裏，於六道輪廻深生厭離，淚如雨下。遂陳設無量上妙供品，向大師殷重至誠的祈禱。

克主傑剛祈禱完畢，就見宗喀巴大師，騎着一隻白如雪山，衆寶莊嚴的六牙智象，威光赫赫，隨着一片五彩霞光，降臨在對面的虛空中。大師面帶微笑，安慰克主傑說：

「兒子啊！你心意我已明白，快不要再爲此事而感到憂苦了！

「衆生如果能像你這樣，時時憶念上師之種種功德，必能淨治往昔所造極惡罪障，並能集聚無邊福德資糧。你這種情形，就像瑜伽自在密勒日巴憶念馬爾巴上師一樣，極爲難得。

「無論如何，你應該知道，你我師徒所作的事業根本善妙。所以今後，你仍須繼續精進，廣弘我的教法。」

(三) 教導釋疑

某日，克主傑於顯密二教甚深扼要之處，生疑莫解，因而想起宗喀巴大師，自忖道：「如果我師長尙住世的話，現在卽可向他請問，並且一定能得到圓滿的解決。然而師尊今已不在人間，還有誰能作我究竟決斷之依據呢？師尊啊！我是多麼急切地盼望您能爲我解答，您現在到底在那裏？」

克主傑愈想念，愈悲切，於是獻上妙供，涕泣啓白於大師。刹那間，宗喀巴大師突然現身，他坐在無量摩尼眞珠所嚴飾的純金寶座上，由許多天子擎持而至。大師爲克主傑廣釋諸疑，並開示種種敎誨敎誡，然後才離去。

(四) 穩操成佛的左劵

又有一次，克主傑捧讀參閱大師所著述的「菩提道次第廣論」和「密宗道次第廣論」時，深感大師之善說，總明大乘佛敎一切顯密經論的要義；並述說任何修學佛法的人，從初發心依止善知識起，乃至修學圓滿次第證得金剛持位止，其中種種運心，應有盡有，且詳分階梯，無欠無餘，後後必兼前前，前前亦必導歸後後。前後旣次第宛然，則無躐等欲速之弊，而終至佛果，更無中止化城之譏。克主傑心想：

「能具足這種廣大無垢慧眼，除我之師長文殊菩薩化現而來的以外，如今在印度、西藏，乃至全世界各地的大善知識，都無法作這樣正確明白的善說。」

克主傑想到這裏，心中勾起了無限的哀思，隨念大師之無盡功德與恩澤，不禁滴下簌簌的淚珠，因而向大師殷勤地祈禱。

這時，大師全身金黃色，右手執利劍，左手持梵篋，現童子相，身上衆寶嚴飾（卽文殊菩薩相），騎着一隻潔白的獅子，從虛空中，慢慢飄到面前。大師爲克主傑敎誨說：

「兒子啊！你不要再哭了，我現在特地來爲你說法，你要好好聽啊！

「在這五濁惡世中，雖然有許多各種不同種姓的衆生，但如今處於這種佛法陵夷的時代，他們大多不再念及無常，和三惡道之苦了。唯獨貪着名聞利養、衣食臥具、凡庸事業。不要說精研甚深法義，就是連想一下『現在作這種事，將來會得什麼果報』之心的人，都已很少了。

「如果有人閱讀我所著述之懺罪集福、超越一切經論難處的精義後，且能生起決定信解，遠離憒鬧地，專心修持這種甚深法義，其得佛位，如在掌握。然而能這樣做的人，是多麼稀少啊！雖然如此，世間仍有少數法器機緣，你應不辭勞苦的去饒益他們，尤其更應弘揚我的教法，令其光顯。你我師徒，於後世不久，就可很快見面了。」

（五）親見大師的方法

克主傑曾因憶念大師深恩，涕泣傷感，毛骨戰豎，因此至誠祈禱大師說：

「具足三恩德無與能等之上師啊！祈請慈悲加持我，亦請慈悲觀照末法中懦悷衆生吧！如今大師之教法，有如空中之閃電，亦如海市蜃樓般地即將隱沒，我於何時能到上師之足前呢？」

克主傑祈禱完畢，見宗喀巴大師騎着一隻猛虎，瞬間出現於對面虛空中。大師全身赤紅色，眼如銅鈴，鼻槽豐大，現金剛瑜伽師相。右手執利劍，上揚於虛空中，火焰熾然。左手拿着嘎巴拉，置於胸前，嘎巴拉裏面，盛滿甘露。頭髮赤紅色，以青綢纏縛着。身上掛滿人骨，作爲莊嚴。臉上露出極歡喜的笑容。身旁有八十四位大成就者前後圍繞着。此時，大師安慰克主傑說：

「兒呀！你不要過於悲傷，我除你以外，再也沒別的可想了。就像你除我以外，又能想誰呢？我並沒放下你到別的地方，以後你如果想念我，可詳閱『菩提道次第廣論』和『密宗道次第廣論』，以及其他一切著作。這些都是我的遺教，你看這些論著就等於看到我一樣。

「目前衆生的福德非常微薄，煩惱極粗猛，聖教已即將面臨隱沒了，你現在可發願到此空行世界來（空行世界，是修密法成就的人住的地方）。」

（六）化身徧一切處

有一次，克主傑心想：

「我希望後世能往生大師座前，因此現在應祈請大師降臨，請問他現在住的地方，和一些尙待抉疑的問題。」

於是陳設極上妙供，和一座純金的曼陀羅供，並至誠祈禱說：

「敬禮父師三世佛，衆生唯一皈依處，

結尊文殊無能勝，祈請慈悲降臨此。」

此時，宗喀巴大師坐在白雲上端的金剛座上，現身於對面虛空中。大師仍作生前之相，雙手作雙轉法輪印，左右各持一枝烏巴拉花。右邊花上，置利劍，左邊花上，置梵篋和智慧鏡。他告訴克主傑說：

「兒子啊！你應準備好一切，趕快到我這邊來，我會派人去迎接你的。」

克主傑問大師說：

「請問上師，您現在到底住在那裏？」

大師回答說：

「我的化身徧一切處，有的在空行世界，有的在覩史陀天，有的在南贍部洲。如今我在中國五臺山的化身，每天爲一千八百位金剛比丘(卽修學密法的出家人)，上午宣講『中觀』、『菩提道次第廣論』和『密宗道次第廣論』；下午講釋『集密金剛』、『勝樂金剛』和『大威德金剛』等三部密法。你應該發願到這裏來，不久你我師徒卽可相會了。」

(七) 宗喀巴大師祈禱文

結尊仁達瓦是宗喀巴大師所有上師中，對大師影響最大、最深遠的無比恩師，因此大師奉他爲「根本上師」。有一次，當結尊仁達瓦抵達前藏時，大師前往迎接，見面獻上「哈達」後，立刻再呈上偈頌，讚嘆結尊仁達瓦。云：

「無可思大悲藏眼觀視，無垢智主師利微妙音，無餘羣隊魔滅唯密主，
雪嶺勝賢頂嚴仁達瓦，宣奴羅追蓮足下祈禱。」

結尊仁達瓦看了，謙讓未遑地說：

「我無此德，不敢當，這一偈頌你倒可當之而無愧。」

於是結尊仁達瓦將原頌末後二句更易人名，改成讚嘆宗喀巴大師。頌云：

「無可思大悲藏眼觀視，
無垢智主師利微妙音，
無餘羣隊魔滅唯密主，
雪嶺勝賢頂嚴宗喀巴，
善慧稱揚蓮足下祈禱。」

後來大師的弟子，又請示大師是否能以此頌讚嘆他，經大師許可後，乃根據此頌造祈禱文之儀軌。

這偈頌的意義，可分顯意和密意兩方面來講。顯意方面：第一句是讚嘆大悲藏觀世音菩薩的功德，第二句是讚嘆空慧聚文殊師利菩薩的功德，第三句是讚嘆密主金剛手菩薩的功德，第四句是說聖宗喀巴大師具足三尊菩薩之所有功德，第五句是說持誦的人在大師的足下祈禱。

密意方面：

㈠外喻相。是說觀世音菩薩（蓮花部）、文殊師利菩薩（佛部）、金剛手菩薩（金剛部）等三位部主，在一切佛會上，以及一切菩薩中，一位代表最特殊之悲心，一位代表最特殊之智慧，一位代表最特殊之神力。而宗喀巴大師在末法時代，於南贍部洲建樹佛法，所依靠的就是這三種最特殊的功德。如今請求聖宗喀巴大師加持，令我也能同樣具足這三種功德。

㈡內證功德。十方諸佛所具有的悲心，觀世音菩薩全部具足；十方諸佛所具有的智慧，文殊師利菩薩全部具足；十方諸佛所具有的神力，金剛手菩薩全部具足。而宗喀巴大師又具足這三位菩薩所有的悲、智、力等功德。如今請求聖宗喀巴大師加持，令我也能同樣具足這三種功德。

㈢秘密本尊。由十方諸佛之大悲心所示現的色相，就是觀世音菩薩，並非離諸佛之外而別有觀世音菩薩；由十方諸佛之大智所示現的色相，就是文殊師利菩薩，並非離諸佛之外而別有文殊師利菩薩；由十方諸佛之大神力所示現的色相，就是金剛手菩薩，並非離諸佛之外而別有金剛手菩薩。而宗喀巴大師又是三位菩薩所共同示現，所以十方諸佛及觀世音、文殊師利、金剛手等菩薩，就是我宗喀巴大師；宗喀巴大師與十方諸佛及觀世音、文殊師利、金剛手等菩薩，是一非二。如今請求宗喀巴大師加持，令我也能同樣成就如是功德。

此五句頌係三部主合一之陀羅尼，又是宗喀巴大師自己所造。修持這祈禱頌，即總括智、仁、勇三位本尊的一切功德，所以感應特別快速，不但能廣開智慧，而且尚能降諸魔障。

過去西藏有一位大喇嘛，在雪山中修行時，山前有一戶人家，正遭受貝哈爾魔的作祟。這戶人家因不堪其擾，遂延請許多高人前來驅治，但都沒有效果。有一天，村中有一位牧童無意中來到大喇嘛修行的地方，於是將村中所發生的事情告訴了大喇嘛。大喇嘛聽了，送給牧童一雙加持過的鞋子，和一串加持過的念珠；並吩咐他，當魔進入屋子時，將鞋子放在大門的兩旁，念珠則散置在四面牆壁空隙的地方。當天晚上，牧童見魔進入被害者的屋子後，立即遵照大喇嘛所指示的方法去做。剎那間，貝哈爾魔看到自己的四周，佈滿了無量金剛護法神，大門口又有金剛手菩薩守護着，因此感到非常惶恐。這時，大喇嘛已隨之而至，貝哈爾魔遂跪求大喇嘛，請喇嘛放他一條生路。大喇嘛回答說：

「放你可以，不過你必須遵守我的約定。」

大喇嘛要貝哈爾魔以後遵守不再擾人的戒律，但魔以祟人爲生，如果今後不再擾人，必定斷其生路，因此不肯。大喇嘛要貝哈爾魔今後不擾亂誦「宗喀巴大師祈禱文」的人，他也不肯。因爲康藏地方，幾乎沒有人不誦此頌，如果遵守此戒律，就和遵守今後不再擾人的戒律一樣。最後大喇嘛要他遵守不擾亂誦「宗喀巴大師祈禱文」一百零八遍的人的戒律，貝哈爾魔這才欣然答應。

貝哈爾魔非常凶猛，威力無比，此魔不敢爲祟，其他的魔就更不用說了。西藏地方，修行人若稍有上進，或將成就，貝哈爾魔必乘隙爲祟，因此「宗喀巴大師祈禱文」徧行於康藏中。凡修持「宗喀巴大師祈禱文」的人，都能得到宗喀巴大師的特別加持，消除一切魔障，圓滿福慧資糧，快速成就佛道。

讚曰：「戒律嚴持作範修，中陰成佛是因由；
法身徧滿虛空界，赴感隨緣靡不週。」

十八、總攝三藏　顯密合一

（一）大師教法之殊勝

釋迦牟尼佛之一代時教，不外教法和證法兩種。而一切「教」的正法，全攝在三藏；一切「證」的正法，則攝在三學。因此凡是修學佛法的人，見解必須不違背經、律、論三藏教典，行持必須隨順戒、定、慧三學，尤其大乘學者，更須修學悲智雙運之道。

過去西藏有些佛教學者，對於三藏教典，頗不注重廣學，甚至譏誹研究三藏法義的人，爲「分別師」或「日敦巴」（戲論者），意存輕蔑。故大都棄捨多聞，專修高高深深之脈、風、空點，或專求了知自心本性，以爲如此便能得到解脫，及證得無上正等菩提。又有一些人，妄計以修學一、二部經論，便自以爲多聞具足，除此之外，更無可修可學的了。其實這是一種極大錯誤的觀念，完全不合乎如來聖教之眞義。如大乘莊嚴經論云：

「要先求多聞，方能如理作意，依如理作意，乃生修所成慧，斷除煩惱，證解脫果。」

所以說，修學顯密佛法的人，必須精研三藏，多聞深思，立正知見，長期修習，方能由三學道，漸漸清淨身心，得到解脫和一切種智。

宗喀巴大師所立下的教規，其殊勝之處，就是極力主張不管是修學顯教或密教，對於經藏，必須多聞深思，以抉擇大小二乘之三學；對於律藏，必須努力聞思，以成辦戒定二學；對於論藏，更須多聞，努力精研，以引生通達諸法性相的智慧，而後親證諸法眞理。尤其對於大乘三藏中所說的「菩提心」和「六度行」，以及極微細的「無我」眞理，都極力主張從聞、思、修三門，切實修行。修學者如果有了這樣的顯密共同基礎後，才能進一步的修學密乘。

故宗喀巴大師的教法，總攝一切如來正教，特別是融合顯密教法爲一體的特點，更能顯示出佛陀教法的勝義。

由於大師的教法，具有如此殊勝的教義，正如章嘉宗派頌所說的：

「若誰決定知，三藏諸密意，善住不相違，是名大仙教；
若何宗派中，三學諸正行，善住無過失，是名大乘教；
離二邊正見，止觀平等修，顯密行無乖，是無過聖教。」

所以六百年來，黃教於西藏境內，以及西康、甘肅、青海、蒙古等地，獨能發揚光大，流傳悠遠。

(二) 大師的獨特正見

西藏古代學者，對於佛陀所說「性空」的見地上，有一派人認爲，所謂「性空」，就是「空無所有」。這種空是絕對的空，絕對的無。他們不但認爲吾人日常所見所聞，是絕對的無，就連「善有善報，惡有惡報」的因果法，也加以否定了。所以他們認爲修學佛法，只要懂得「萬法皆空」的道理，就是正確的見地，就可以成佛。這一派人一方面否認善惡因果，一方面却又承認有解脫（立地成佛）的可能。這種「無因有果，有因無果」的說法，與外道斷滅的見解相同，故不合道理。

另一派學者認爲，「性空」的眞義，是指世俗諦無，勝義諦有。換句話說，任何一法或一件東西，它的本體是實有的，是存在的；但是我們所看到的「外境」，是心裏所現出的假象，是絕對的無，是不存在的。他們認爲勝義諦的空若不是實有，就無法建立生死涅槃、作受等業果，而成斷滅見了。

這一派的講法，主張勝義諦有，和一般人認爲「諸行是常，萬法皆有」是一樣的見地，仍然屬於「常見」。這是非常危險的，如中論云：

「若於空起執，斯人無可救。」

龍樹菩薩認爲有「於空起執」這種思想的人，是不可療治的絕對常見。因爲這種人，認爲萬事到頭來都是實有，而不是空，這樣勢必忽視善惡因果，從而忽視修學佛法應有的努力，甚至破壞戒律。按龍樹菩薩是佛在楞伽經中，授記他爲演說了義的標準士夫。因此修學大乘佛法的人，當以龍樹菩薩所說的教法為準繩。

第三派是折衷的見地。這一派學者認為，若計為有，卽是取相的執着，因為一切法既不是有，也不是無，可以說是空，也可以說不空。所以他們主張修習時，全不思惟「有我無我」、「是空非空」，以「不作意」為修眞性，並以「不見」為見。這種說法，亦不合道理。有和無、常和無常、是與非、一與異，正好是相反的概念，都是一事物上的表遮兩門。心中若存一個「不作意」之念，卽已作意；又不見，卽成見與不見兩種。因此他們的說法，自成矛盾，是一種站不住脚的見地。

又有一類自稱修定的人說，凡有分別計度的善行，都未離却散亂，所以主張只專修實際眞理，不必修任何善行。又說修眞理時，不必以正理去觀察，只要在不尋伺中，勿追過去心，不迎未來心，於現在心亦不起造作，唯在明空無執之中，捨去一切分別，全不思惟，平緩而住其心，卽能親見法身。這種說法，亦不合理。如果「全不作意、全不思惟」這種非一切種智的因，能得到一切種智之果的話，依此推之，那就應「種稻得生麥，種豆得生瓜」了。世間那有這種道理？這是徹底撥無因果的大邪見。

以上幾派學者，之所以誤解「空性」，乃是不知「空」義卽指「無自性」義，以致不是把勝義諦增益成實有，世俗諦損減成完全無，就是把一切因果作用給否定了。經論中處處提出由此邪見而起的惡行，會招受苦果，就像有人不知捕蛇的方法而去捕捉毒蛇，勢必爲蛇所傷，無益反損。因此，「中觀四諦品」中說：

「不能正觀空，鈍根則自害，如不善咒術，不善捉毒蛇。」

宗喀巴大師對於西藏古德教學的各種異見，全運用他無垢的智慧，在「菩提道次第論」、「入中論善顯密意疏」、「中論釋」、「辨了義不了義善說藏論」、「緣起讚」等著作中，一一加以批判抉擇。宗喀巴大師的思想體系，是繼承聖龍樹菩薩師徒之意趣。理論基礎在於了知生死涅槃一切諸法，唯於所依事上分別假立，在勝義中是不可得的。然而在勝義上雖不可得，在世俗法却都能成立，所以一切法皆自性空。這樣的正見，即是以性空之理，於名言中安立因緣業果等有作用。故雖名言亦不許有自性，但因果作用是肯定的。

大師的「緣起論」之中心是這樣說：由於一切法自性本空，所以業果等緣起法才能生起，倘若自性不空，業果等緣起法就不能生起了。又由於了知諸法緣起之力，才能了知自性本空，因爲業果等緣起法，須待衆緣才能生起，所以它的自性就是空的了。這樣從了知緣起上，也可以見到自性空之空與緣起有之有不但不相違，而且相輔相成。

宗喀巴大師依文殊菩薩的教授，對於龍樹菩薩的中觀正見，如實通達，並且著書廣爲闡明，在西藏古代大德中，實屬罕有。大師之上首弟子達瑪仁勤稱之爲：

「能斷三有根本道，緣起離邊之中見，未遇至尊上師前，一分亦未能通達。」

又西藏古代學者，在宗喀巴大師未出世以前，對於唯識宗所說色的體相和偏計，以及安立徧計爲無自性的法無我義，也難以如實說明。大師之心子克主傑，在釋唯識宗的教義時說：

「諸未能顯示，甚深處密意，今開寶藏已，由此生歡悅。」

從這裏可以看出，大師對中觀與唯識教義上，如實闡釋後所產生的深刻影響。

大師在「發願文」中曾經指出：

「由畏甚深眞實義，妄執計度少分空，永離此等諸惡見，願達諸法本來空。」

這意思是說，空性正見的抉擇與證悟，是徧一切法而且極其微細，不能有絲毫妄執臆造和少分空的錯誤。然諸法本性空，應當從色法起至一切種智等所有一切法上，皆通達爲無自性的空性，也只有通達這種空性的見，才爲佛的究竟了義，最極圓滿之甚深中觀見。這就是宗喀巴大師教法中，正見之深義。

(三) 正確無誤的修習方法

佛教的修習方法，一般分成兩種，一種叫止住修，一種叫觀察修。或簡稱止和觀。止住修和觀察修互相循環，互相發揮，就是正確的修習的方法。修學者透過這種方法，可以得到證悟。然而古代西藏佛教各個教派，在修習上各有差別，各有偏向，大致來講，有下列七種不同的修習方法。

第一派認爲，一切分別都應斷。這一派提出「語言道斷，心行處滅」的說法，意思是說勝義眞諦之境，絕不是人類能以語言、思惟去認識的，反之能以語言、思惟去認識和表達的，絕不是勝義眞諦。所以必須斷除分別思惟，才能證悟。

第二派認爲，分別大無明，能墮生死海。這意思是說，分別就是迷惑，迷惑能起煩惱而造業，終至墮入生死苦海。所以應斷任何一種思惟。

第三派認爲，分別是法身現相，分別愈多，修證愈廣。意思是說，人的思惟活動就是法身的湧現，思惟愈多，修證愈大，因此應鼓勵多思惟。

第四派認爲，分別就是法身。法身是徹底證悟勝義諦後所得到的果，這一派直說思惟就是這種果的本體。

第五派認爲，心不散動，明了安住，即是成佛，亦名涅槃；若略散動，即是衆生，或名生死。這裏所說的「心不散動」，是指沒有分別心的意思；「明了安住」，是指安定自如的時候。換句話說，假如人的心不起思惟作用，處於安定自如的時候，這時即已超脫輪廻，到達佛陀的境界。反過來說，一個人若起思惟分別，即是輪廻中的一個衆生。

第六派認爲，如果住在暗室結跏趺坐，瞪目而視，心不分別，安住之時，所現煙等各種幻相，即是法身、自性身。並認爲凡夫異生，也能現見法身。

第七派認爲，以上各種說法，只是現見少部分法身，並非現見一切法身。

其實當時像這樣的種種謬論，不止七派。不過無論如何劃分，總的來說只有兩大派，一派注重止住修，輕視觀察修，一派注重觀察修，輕視止住修。

對於上述誤解修習方法的謬論，大師一一給予駁斥。例如對主張一切思惟都應斷除的第一派，大師指出語言和思惟是人們用來了解萬法眞諦的必要工具，如果語言和思惟都應斷除，則把通達空性的比量智也排除掉了。可是正觀諸法，如果沒有通達空性的比量智，是絕對無法生起現證空性證量的，所以說一切思惟分別都應斷的說法，是沒有道理的。對主張「分別大無明，能墮生死海」的第二派，大師則認爲這種說法太過籠統。因爲思惟分別可分爲兩種，一種是正確的思惟，叫正分別；另一種是錯誤的思惟，叫邪分別。邪分別自然是無明，但正分別怎麼可以說是無明呢？例如了解善惡因果、緣起性空的正分別，不但不致墮入輪迴，反而是超脫生死的原因。所以第二派的說法，也是不合道理。對主張「分別是法身現相，分別愈多，修證愈廣」的第三派，大師則認爲，他們也同樣犯了不區分正分別和邪分別的錯誤。邪分別固然不算是法身現相，卽使是正分別，也只能算是了解法身現相的工具，談不到是法身的現相。如果說是分別愈多愈好，那麼我們凡夫之心，旣多且雜，所證果位應比佛陀高，然事實則不然。根據同樣的道理，主張「分別卽是法身」的第四派，更是不值得一提。對主張「心不散動，卽是涅槃，心略散動，卽是衆生」的第五派，大師認爲，這種說法是違背佛理的。心不散動若卽是涅槃，一般人偶爾也有這種經驗，你能說這是證得涅槃的佛陀嗎？又超脫輪廻的菩薩，出定之後，偶爾也有分別，你能說菩薩也是迷途的衆生嗎？況且佛陀斷證功德必不容退，怎麼可能一會兒是佛陀，一會兒是衆生呢？其他幾種說法，不是違教就是違理，所以也是枉設劬勞，全無成果。

宗喀巴大師如理破斥「唯止住修」、「唯觀察修」之謬論後，指出應依「修習次第」所說的，止住修和觀察修就像鳥之兩翼，應該兼修不可偏廢。修習時應止住修時即止住修，應觀察修時卽觀察修，止觀須輪次修習時卽輪次修。

大師又依深密等經、慈氏諸論，以及瑜伽師地論等密意，而得到眞正修三摩地的教授。如最初時應具備止觀的資糧，和認識所緣的差別，觀察修和止住修的分析，以及由具足九種住心、八種斷行，如理修習後而得止觀隨順之量。與明白眞正止觀，並止觀雙運之限齊及次第。其次應認識修習止觀時所生起的障礙、沉掉兩種體性差別和對治的方法。並指出昏與沉沒之不同，和遣除的方法。此外，又指出正念和正知的體性及其差別，以及修習之時間，並說明初修定時，僅有住分是不夠的，必須具有明利等義。這些都是依據龍樹菩薩諸論的意旨，作出正確的抉擇。大師將有關各種修定的方法，和發定的各種現象，都詳載於「菩提道次第廣論」一書中。

(四) 行持之殊勝

持守清淨比丘戒，本來是令正法永住世的不二法寶，和成就菩提的根本。然而西藏有些佛教修學者，却沒有嚴格持守，有的甚至還要爲他們不守戒律尋找藉口。比如說佛經中所說的「禁酒」等戒，是就信解小乘者而說的，如果修學大乘的人和已見眞性的人，還視爲禁忌的話，那就被法所束縛了。因此這些人，不但不以犯戒爲恥，而且任意脫卸三衣，破壞清淨律儀，致使如來清淨聖教，徒具形式，隱沒殆盡。

宗喀巴大師見此現象，深生悲愍，爲了令正法永住世間，所以特別提倡增上戒學。大師對於觀水、作淨等極微小戒法，都非常重視，不但以身作則，同時要求弟子們，也必須如法依止戒律。大師以及諸弟子修密時，都依密經所說的「外護聲聞行，內樂集密義」而修習二種次第瑜伽；此外更於菩薩律儀和金剛乘律儀中所說一切遮制分齊，亦勤守護，如眼中珠。

西藏大德打倉巴，對於宗喀巴大師的著述極不滿意，曾設十八問難，後因見到大師的清淨行持，而生起無比信敬。並作偈讚揚說：

「有持律者謗密乘，諸密乘師亦謗律，了達佛語不相違，善修持者前敬禮。

學顯譏密爲食法，持密毀顯是空談，顯密不全難成佛，善了知者前敬禮。」

第五世達賴喇嘛亦發願說：

「成就希有淸淨戒，大志誓修菩薩行，內具樂空二次第，願遇善慧勝教法。」

由此觀之，宗喀巴大師的教法，其行持之殊勝，是不言可喻了。

（五）密法之殊勝

西藏古代有些學密的人，妄認爲密續經典，和大成就者的論典，只是供博學多聞增長知識的工具，於是對這些根本經論，竟視若無覩。反而對於一束小紙上所寫的修行口訣，認爲是最上教授，並說它比諸大經論更爲殊勝。即使這些口訣教授，與密經和大成就者的論典互相違背，也全不理會，一味認定它是至高無上的教授。

由於一般人對於廣大正法缺乏聞思，又無慧力加以揀別，所以對整個密乘的圓滿道體，產生種種謬解。有人認爲，無上密部中的生起次第，是修習共同悉地的法門，是佛陀對鈍根者說的；如果想得到最上成就，可直接修習圓滿次第。有人認爲，經中所說「應修諸法自性清淨之空慧」者，是於眞實義中爲破邪執分別而修，並不是成佛的因；能饒益有情之佛乃是色身，而巧妙色身實是福德所成，所以只要獲得無垢正見，專修生起次第即能成佛。有人認爲，第四灌頂二諦雙運的意義，所謂修空性，就是全不思惟，全不作意。

他們之所以有這種錯誤的看法，是基於不明白修學密法，能於濁世中一生圓滿二種資糧，斷盡所知障而成佛者，是由於俱生大樂智證得空性之力。雖然密乘所修之空性，有應成派、自續派、唯識派等的不同，但是修學密法最契機的根器，乃是了知應成派中觀最深最細之空性的人。修密法如果僅持以「都無所有」、「非有非無」、「他空實有」、「頑空無知」等空性爲正見，這種見解尚且不能作密宗下三部（事部、行部、瑜伽部）所修「明深無別」之空性，更遑論是作爲無上密部「樂空和合」之空呢？空性見地如果有錯誤（除應成派中觀見是正確的以外，其餘都是生起正見的加行道），則所修的生起次第和圓滿次第，就成了沒有命根的屍骸一樣。若缺乏成就法身之道，非但無法雙運佛果，就連最起碼的生死根本也無法斷除。所以這種修法是徒勞無果的。

修學密法能不能卽身成佛，完全由今生是不是能修得幻身而定。而有關修幻身的道理，在西藏各教派大德中，沒有比宗喀巴大師解釋更爲究竟的了。又無上密部所詮釋之心要，就是俱生大樂智和幻身。這兩種修法，能依密續經典和大成就者所著論典的教授，解釋明白無遺的，也唯有宗喀巴大師一人。所以說宗喀巴大師之密法，勝出一切，遠超過其他各個教派。

宗喀巴大師爲利益後學者，依文殊菩薩之教授和囑咐，把密部之數量和灌頂、三昧耶戒、近修，以及曼陀羅的事業、次第等方面，解釋極爲詳盡。這些都詳載於「密宗道次第廣論」中。

（六）滙一切顯密教授於法海

西藏向來相傳的上路戒律和下路戒律，以及喀齊班欽等所有戒律傳承、講說、一切行法；從阿底峽尊者等噶當派大德所傳之菩提道次第，和菩提心教授等；峨洛札瓦師徒所傳俱舍、現觀莊嚴、中論、因明等大論之講傳；瑪爾巴、廓枯巴拉、覺窩、智足等大師所傳之集密；惹、卓、雄等所傳之時輪；薩迦班智達師徒所傳之勝樂和喜金剛；瑪璣喇嘛等所傳之大輪金剛手；惹、覺、當等三位大德所傳之紅、黑大威德金剛等四部曼陀羅灌頂、密續之講傳，以及生起、圓滿兩種次第等一切甚深教授；瑪爾巴與達薄傳來之樂空大手印、那若六法、尼古六法、五支大印等噶舉派之心藏教授。以上西藏所有甚深教授，在大師教法中無不兼具，並包含各派之勝義，捨棄一切之流弊。所以黃教雖說是諸派之眞髓，實際上超出一切教派。

此外，大師對於因明、醫方明、工巧明、聲明，以及文法、數學等教法，亦甚豐富。因此大師所傳下來的教法，是把從釋迦世尊的正法雪山，所流下顯密深廣一切教授河流，使它們重新滙合在一起，而成圓滿之廣大法海。

讚曰：「大師教法攝三藏，顯密圓通並發揚；
依此正修精進者，卽身成就如朝陽。」

十九、格魯黃教　徧布十方

(一) 令宗風不墜的弟子

世界上任何一種宗教、學術或事業，凡是能夠弘揚久傳的，決不是創始者一人之力所能成辦，必須有後代的人繼續不替，才能日益光大。

宗喀巴大師復興西藏佛教，固然是由於大師之智慧和道德，駕乎一般學者之上；其弘揚的教義，不分巨細，都深達眞理之底蘊，究其根源，卽全出自佛經和龍樹、無著等大論師之根本意趣；其倡導之行持，以三種戒律爲根本，再加以有次序的修持，因而奠定源遠流長，本固枝榮的基礎。然而大師的教法，之所以能深入當代民心，一直延續到今天，光耀六百多年而不替，乃至傳揚到世界各個角落的，則是大師的徒衆，和後代弟子們努力不懈的功勞。

弘揚大師教法的歷代大德們，都能貫徹大師所教導的精神。他們深知一切功德的基礎在於戒律，所以都各以清淨戒律，作爲行持的根本。對於經論，不執一邊和一小分，對顯密全部要典，由聞思力，斷除增益和損減的妄計。對於所聽聞的教理，如理修習，了知一切聖言，不但毫不相違，並且盡是每一補特伽羅成佛的支分和助緣，所以都能圓滿受持，如實修行。至於修持的成果，在於以所修之正法，能不能對治煩惱，於道次第，是不是逐漸上升為準繩。並隨時深信因果，不輕視小罪，常住正知正念，修習出離心、菩提心、正見等扼要之道。所修本尊，完全依據四部密經所說的。其修誦的教授，必須具有得勝成就的方法，和加持無斷、傳承無斷者為主。他們共同生活的精神，在二六時中，唯有弘法利生之心，成辦自他利樂。這是歷代大德，承襲宗喀巴大師融合顯密教法的共同行履之處，也是黃教教派行持的特點。

大師之徒眾，一般成就的不說，就是學貫三藏，行通三學，精修三士道，和生起、圓滿兩種次第的人，也有如空中之星宿，地上之草木，其數是無法估計的。其中名聞最顯著，發揚佛教事業最廣大的，有賈曹傑（達瑪仁勤）、克主傑、扎巴堅參、絳陽却結、絳欽却結（大慈法王）、羅追僧格（慧獅子）、根敦主巴等。賈曹傑和克主傑，次第住持嘎登寺，紹繼大師法位，奠定黃教基礎，所以是宗喀巴大師弟子中，弘揚大師教法（黃教）最大的功臣。宗喀巴大師和賈曹傑、克主傑三人，後來被尊稱為「師徒三尊」。

（二）嘎登寺之傳承

嘎登寺是大師教法的根本道場，因此嘎登寺的住持，即代表黃教法王。嘎登寺的住持，又叫嘎登墀巴，他出行時有人替他開道，有人替他捧檀香爐，還有人為他打一把杏黃色的傘蓋。在西藏目前除了達賴喇嘛、班禪喇嘛和薩迦法王以外，只有嘎登墀巴才能享有這種禮遇。嘎登墀巴的法座，係由閻羅法王（宗喀巴大師的護法）以雙手撐着，所以若非眞實成就者，是無法登上這個法座的。

①第一任嘎登墀巴：賈曹傑（達瑪仁勤）

大師將要圓寂時，授衣帽給賈曹傑，密意傳位給他。大師圓寂後，持律扎巴堅參等善知識又一再殷勤的勸請，賈曹傑這才答應住持嘎登寺，繼紹大師之法座，作一切衆生之依怙。賈曹傑繼位後，仍然遵依大師之法規，以戒律爲根本，兼弘「集量論」、「俱舍論」、「釋量論」、「現觀莊嚴論」、「入中論」等。凡是宗喀巴大師對於顯密教法之一切獨特見解，無不盡力弘揚。他在位十三年，大師所有的弟子，凡是在教法上有疑義的地方，都來請教他，把他當作宗喀巴大師一樣地尊敬。

②第二任嘎登墀巴：克主傑

大師圓寂後，克主傑囘後藏，弘揚大師的顯密教法。幾年之後，被賈曹傑迎囘嘎登寺，繼承法位。克主傑在位八年，弘揚正法的方式，和賈曹傑一樣。他講經說法，純粹只依宗喀巴大師的教授，絲毫不摻雜自己的意見，和別家的解釋。

克主傑從小就智辯無敵，因此在位期間，不但摧伏一切外人的攻難，卽使是大師弟子中，若稍有不符合大師之言教者，也無不盡力破除。所以令大師教法之眞義，光顯如日的，都是克主傑一人的功勞。

西藏境內，西自阿里東至西康，各地前來迎請克主傑去弘法的人，相當的多，但他始終以住持藏中正法爲重，一一婉謝，辭而不赴。他又惟恐大師的密法傳承斷絕，遂不惜生命盡力講說、著述。這一切的事跡，都詳載於他的自傳中。

③第三任嘎登墀巴：瓦善幢

瓦善幢也是宗喀巴大師大弟子之一。他對於一切顯密佛法，樣樣精通，同時又特別注重修持，因此證得大自在，遂繼承法王位。

④第四任嘎登墀巴：慧法護

慧法護善巧一切密部，尤其專精時輪金剛，曾續補克主傑未完成之時輪大疏。

⑤第五任嘎登墀巴：法幢

法幢是克主傑的弟弟。宗喀巴大師有耳傳密法一部，名叫「格登變化函」。裏面詳載文殊菩薩親傳之密法，和修行所須的扼要教授。這部密法，大師只傳給兩個人，克主傑得到一小部分，妙吉祥海得到全部傳承。法幢是密乘不共法器，他後來從克主傑、妙吉祥海得到完全的密傳，成爲這一部密法的主人。

法幢又把這部密法傳給法金剛、吉祥金剛和寶金剛。傳法時囑咐說：

「這部密法，只能傳給少數眞正有出離心的人。對其他的人，絕對不能透露一點消息。當以本尊、空行、護法為證。」

法金剛、吉祥金剛、寶金剛三人，當時一般人稱他們為「金剛三昆仲」。三人後來都得到上品成就，成就金剛身，沒有善根的人見不到他們。

法幢又造有「修中觀見法」、「時輪二次第修法」等書，流行於世。

⑥第六任嘎登墀巴：堅慧

堅慧曾創立達薄札倉，廣弘大師學行雙運之正法。這是達薄地區弘揚大師教法的開端。

⑦第七任嘎登墀巴：顚吉祥

顚吉祥雖未親見大師，但由於信心堅定，感得大師於夢中現身說法，所以他也算是大師親教弟子。他著有「釋量論疏」流行於世。

以上從賈曹傑到顚吉祥七代，都是後藏籍，通稱為「後藏七代文殊」，意思是指他們七個人，都是文殊菩薩的化身。嘎登墀巴法位輾轉至今，已有九十七代了。嘎登寺有兩個札倉，一個叫絳孜，一個叫夏孜。寺僧定員為三千三百人。

（三）哲蚌寺之傳承

①第一任墀巴堪布：絳陽却結（妙音法王）

永樂十四年（一四一六），絳陽却結依宗喀巴大師之囑咐，興建哲綳寺。哲綳意爲米聚，象徵繁榮的意思。絳陽却結住持此寺時，爲大衆講的「現觀莊嚴論」、「釋量論」、「中觀論」等，都以大師所傳之法義爲依據。他上首弟子之多，有如大地之竹葦，秋夜之星宿，一時人才輩出，皆是法門龍象。

却結曾派七位高足，爲大衆之講授阿闍黎，各別宣傳教法，因而成立多門、明慧洲、廣樂、霞廓、聞思洲、調伏、密咒等七大院。後來因時代變遷，逐漸合併成多門、明慧洲、廣樂、密咒等四院。哲綳寺是西藏最大的寺院，寺僧定員爲七千七百人，但有時超出定員，多達一萬多人。

②第二任墀巴堪布：吉祥獅子

絳陽却結圓寂後，由吉祥獅子住持該寺。印度八十四位成就者之一的霞瓦日巴，曾親自來藏，爲吉祥獅子傳授四臂嘛哈嘎拉等教授。

③第三任墀巴堪布：寶菩提

④第四任墀巴堪布：善慧日

⑤第五任墀巴堪布：善慧稱

⑥第六任墀巴堪布：釋迦幢

⑦第七任墀巴堪布：願吉祥

⑧第八任墀巴堪布：妙音善法圓滿

妙音善法圓滿不但智慧深邃，修持又極爲精進。有一天，文殊菩薩現身稱讚他說：「有你這樣的智慧，實在令人歡喜呀！」以此因緣，一般人都尊稱他爲「妙音歡喜慧」。妙音歡喜慧著有「大乘莊嚴經論疏」、「現觀莊嚴論疏」、「中論疏」、「因明疏」、「入中論疏」等書。第二世達賴僧海，就是出自他的門下。

⑨第九任墀巴堪布：功德海

⑩第十任墀巴堪布：僧海

⑪第十一任墀巴堪布：福稱

福稱後來又繼紹宗喀巴大師之法位（嘎登寺住持），爲第三世達賴福海之親教師。他的事業非常廣大，著有五部大論的講義，爲明慧洲院的研習教本。此外，更著有「集密兩種次第」等密典行於世，是不可多得的大作，至今仍被視爲無上法寶。

⑫第十二任墀巴堪布：福海

⑬第十三任墀巴堪布：第四世達賴功德海

⑭第十四任墀巴堪布：第四世班禪善慧法幢

⑮第十五任墀巴堪布：第五世達賴善慧海

第五世達賴善慧海，從小就得到阿底峽尊者，和宗喀巴大師現身加持。六歲時，由班禪大師率領藏王福法增，和三大寺的大德高僧，列儀仗迎至哲綳寺登位。

崇禎十四年（一六四二），蒙古王固始汗摧服藏巴王，以西藏政權供獻給善慧海。因此他在拉薩紅山上，下令動工修繕並擴建布達拉宮，以作爲駐錫治民的處所。清順治帝於一六五三年册封第五世達賴善慧海爲「西天大善自在佛、所領天下釋教、普通瓦赤喇怛喇、達賴喇嘛」，並賜有印信。清順治帝復禮達賴嘛喇爲上師。有教法中授記說：

「在末法時代，觀世音菩薩其化身將成爲比丘王之形相，以保護西藏。」

按達賴喇嘛係觀世音菩薩之化身。所以西藏國土直到現在，始終由達賴喇嘛以政治、宗教相輔相成，作爲保護西藏之方便。

善慧海在西藏廣演正法，新建大寺十三所，對於一切宗派，一切寺廟，都訂定嚴格僧制，並令切實學行。他又爲了使衆生得到安樂，凡是在家衆，令誦六字大明咒；所有出家衆，令修藥師八佛儀，和十六尊者供養法。又爲使正法永住，總攝一切經論心要，造「菩提道次第廣論講義」等。

總之，善慧海所作的事業非常廣大，功德無量無邊，這裏無法詳加記述。

哲綳寺自此以後，均以歷代轉世達賴喇嘛爲寺主。

(四) 色惹寺之傳承

①第一任墀巴堪布：絳欽却結（大慈法王）

絳欽却結，卽明朝册封「大慈法王」的意譯。他的本名叫釋迦也協。

絳欽却結返回西藏後，於一四一八年遵依大師之囑咐，在拉薩北郊七、八公里的山脚下，名叫色惹却頂的地方，修建了色惹寺。色惹有兩種解釋，一種說法說是雹子，據說在建寺時曾下冰雹；另一種說法是指野生薔薇生長的地方。其中以第一種說法較爲普遍。

色惹寺初期有五院，後來歸併成結巴、梅巴、阿巴三大院。後期規定該寺僧人的定員爲五千五百人，是僅次於哲蚌寺的黃教第二大寺。

②第二任墀巴堪布：盛廣賢

絳欽却結建立色惹寺後，又再次晉京，爲永樂、宣德兩代國師。他臨行時，傳位給噶具巴（指受持十部經論者）盛廣賢。

③第三任墀巴堪布：公茹幢賢

公茹幢賢最初親近宗喀巴大師，並未了知大師所傳的眞正法義，故常受克主傑的呵斥。後來他悉心精研大師之法義，勇猛修習，終於獲得大成就。

④第四任墀巴堪布：饒絳巴

⑤第五任墀巴堪布：慧寶獅子

⑥第六任墀巴堪布：內敦巴

⑦第七任墀巴堪布：拉樸法王

⑧第八任墀巴堪布：拔覺倫主

拔覺倫主曾與薩迦派之釋迦勝辯論，因而摧伏其我慢，破其邪說。並著有「辨了義不了義論釋難」。

⑨第九任墀巴堪布：吉祥慧

⑩第十任墀巴堪布：妙音不空吉祥

⑪第十一任墀巴堪布：第二世達賴僧海

⑫第十二任墀巴堪布：結尊法幢

法幢智慧如海，著有五部大論廣釋，爲色惹寺結巴院研究的教本。

⑬第十三任墀巴堪布：福稱

⑭第十四任墀巴堪布：法稱賢

⑮第十五任墀巴堪布：第三世達賴福海

⑯第十六任墀巴堪布：東廓功德海

⑰第十七任墀巴堪布：第四世達賴功德海

⑱第十八任墀巴堪布：第四世班禪善慧法幢

⑲第十九任墀巴堪布：第五世達賴善慧海

色惹寺自此以後，均以歷代轉世之達賴喇嘛爲寺主。

（五）札什倫布寺之傳承

①第一任墀巴堪布：根敦主巴（僧成）

根敦主巴是宗喀巴大師弟子中，年紀最小的一個。大師圓寂後，他隨羅追僧格（慧獅子）到後藏弘法。

有一次，他在嚮垛格培山閉關時，曾夢見一座巍巍的高山，山頂上坐着宗喀巴大師，山腰上有慧密，他坐在山下。這時，聽到慧密說：

「宗喀巴大師過去對我們授記的事有很多……」

慧密越說聲音越小，根敦主巴雖很仔細聽，却聽不懂這句話的意思。他正疑慮間，忽然又聽到有人叫他說：

「根敦主巴！以你爲緣，這地方將來能廣弘『釋量論』。」

根敦主巴這次聽得很清楚，同時也深生信心。又根敦主巴住薄棟時，有一天早晨，一位婦人告訴他說：

「彼處有汝寺，有寺有衆生……」

根敦主巴隨即問她這寺的名字，和這寺將來發展的情形。婦女兩手當胸，作蓮花合掌，說：

「寺當如是，名爲有輞。」（這是空行密語）

婦人一說完，就不見了。根敦主巴知道這是空行母的授記，因此很歡喜。

羅追僧格法王常往還於桑主頂和那塘寺之間，每次經過後來被稱爲「札什倫布」之地時，指着說：

「我心中，常感覺根敦主巴在這裏說法。」

根敦主巴依此因緣，知道這地方是建寺的吉兆，因此於明英宗十二年（一四四七），以藏臣窮結巴．班覺桑布爲施主，在羅追僧格法王所指的地方（日喀則附近），開始動工興建寺廟。正建大殿時，有一天早晨，又聽到空中有婦人對他說：

「此寺，當名札什倫布。」（這是解釋上一次空行語的密意）

根敦主巴因此在全寺竣工之後，依空行母之授記，將它取名爲「札什倫布寺」。

有一天，根敦主巴在寺前的草地上，渡衆僧海出家。這時，根敦主巴正好面對寺門，無意間仰觀寺後的高山，發現眼前所呈現的景像，與在嚮琛所夢見的一模一樣，因而了知札什倫布寺，將來必定昌盛。

代宗元年（一四五〇），嘎登寺派人禮請根敦主巴繼任嘎登墀巴，他婉謝說：「我不能去。這寺剛建好就離開，基礎恐怕不夠穩固。過去我所作的事業，都爲佛法着想，今後我仍然以弘揚大師的教法爲奮進目標，所以我還是以住持此寺爲妥當。克主傑之弟法幢大師，教證功德都極爲圓滿，是繼承法位的最佳人選，你們快去請他吧！」根敦主巴遂辭退迎請，繼續住持該寺三十八年，饒益後藏一切有情，造就不少弘法人才。

札什倫布寺是黃教在後藏地區最大的寺院，它和拉薩三大寺合稱爲黃教四大寺。該寺規模也很大，全寺起初設立有吉康、夏孜、妥桑林三大院。後又由班禪喇嘛增設阿巴之密教院。僧衆定員爲四千四百人。該寺造就人才之衆，堪與前藏三大寺媲美。

黃教最初以四大寺爲弘法的根本，後來寺院逐漸轉盛，許多其他教派的寺院，也紛紛轉依黃教。宗喀巴大師的教法，因而漸次流布於蒙、藏等各地。

②第二任墀巴堪布：賢吉祥
③第三任墀巴堪布：教理海
④第四任墀巴堪布：智頂
⑤第五任墀巴堪布：第二世達賴僧海
⑥第六任墀巴堪布：聖教日

⑦第七任墀巴堪布：慧幢
⑧第八任墀巴堪布：不空海
⑨第九任墀巴堪布：羅卓蕾桑

羅卓蕾桑著有許多論的註解，爲札什倫布寺研習的教本。

⑩第十任墀巴堪布：法幢
⑪第十一任墀巴堪布：法祥海
⑫第十二任墀巴堪布：福幢
⑬第十三任墀巴堪布：桑主拔桑
⑭第十四任墀巴堪布：正海增長
⑮第十五任墀巴堪布：天王慧
⑯第十六任墀巴堪布：第四世班禪善慧法幢

札什倫布寺自此以後，以歷代轉世班禪喇嘛爲寺主。

(六) 阿里地區之弘法

西藏西自阿里，東至西康，最初弘揚大師教法的人，是大師之高足上・喜饒桑布 (stod ses-rab bzan-po) 和下・喜饒桑布 (smad ses-rab bzan-po) 兩位善知識。因爲他們兩個人的名字相同，又差不多在同一個時期，所以一般人通常在他們兩個人的名字前，冠以表示家鄉方位的上、下以示區別。

上・喜饒桑布，阿里人，他從宗喀巴大師學習佛法，完成之後，返回後藏阿里一帶，在芒域（man-yul）與建達摩（stag-mo）等寺，他的姪子喜饒巴（ses-rab-pa），在阿里修建敕色寺。自此以後，阿里地區一些過去「上路弘法」時遺留下來的老寺，如桑噶寺、高騰金殿寺、枳敦寺、羅東寺等，均陸續改成格魯巴道場，致力弘揚大師的教法。這些寺，至今仍舊非常興盛。當時阿里一帶的官長，都禮上・喜饒桑布為上師。

克主傑有一位高足，名叫天王慧。他來到阿里以後，又修營原有之北圖寺，新建巴加和立根兩寺。此後，黃教寺院或是新建或由舊寺改建，數目逐漸增多，大師的教法遂徧布於阿里一帶。

（七）昌都慈氏洲

下・喜饒桑布，西康人，起初在色惹寺學習宗喀巴大師的教法。當盛廣賢繼任住持時，他升為該寺的副講阿闍黎。

當時，各大寺中的無量僧眾，都依照大師的教規，嚴持淨戒，解行並重，如實修行，因此西藏一切道俗，無不歸仰讚嘆。有一天，喜饒桑布因有感而發，自忖道：

「我回西康之後，也應當以淨戒為基礎，弘揚這種無垢正見和清淨的教法，以利益安樂一切衆生。」

這時，菩提億大師以神通力照知喜饒桑布的心願，因此請他到自己住的房間，奉以上妙供養，並賜繒繒一疋，黃帽一頂。告訴他說：

「今天我請你來，並沒有其他的事，只因你將急速回西康，特地向你送行。日後康地之正法，將由你來住持。」

喜饒桑布聽了，感到很奇怪，心中暗想：

「我並沒說『將急速回西康』這句話，為什麼他這樣指導我？難道我不該在此久住嗎？無論如何，我應向賈曹傑稟明一切，或許他會挽留我。」

於是他疾疾趕往嘎登寺，朝謁賈曹傑，並向他說明一切。不料賈曹傑非但不留，還授記說：

「如今你回西康，緣起非常好。西康有座山，名叫日窩，在那附近有你所應渡化的衆生，將來事業會很廣大。」

賈曹傑說完，賜給他很多禮物，叫他急速回去。

喜饒桑布回西康昌都後，於一四三七年，建立慈氏洲寺（前宗喀巴大師在昌都住宿時，嘛哈嘎拉授記的地方），聚衆三千多人，講授五部大論，饒益無邊有情。這時他才知道，原來菩提億大師之送行，是以神通力先了知也。

喜饒桑布後代又有許多徒衆，多是弘法之良材，分別在西康各地建寺弘法，大師之教法於是徧滿西康矣！

（八）阿多地區之弘法

阿多，位於西寧附近，即今甘肅、青海一帶。這裏本是一片荒漠，後來經由許多大德建寺弘揚，遂成爲堪與前藏各大寺媲美的大叢林。

(1)塔爾寺（古本寺）

塔爾寺是格魯巴六大叢林之一（所謂六大叢林，即哲蚌寺、色惹寺、嘎登寺、札什倫布寺、拉卜楞寺、塔爾寺），座落在青海省湟中縣魯沙爾鎮。距西寧市西南二十五公里。

塔爾寺是大師誕生時，他母親埋胎衣的地方。由於大師入藏後始終沒有回來，大師的母親本着愛子之心，遂在這裏建一座小塔。後人爲了追悼大師對整個西藏佛教的貢獻，又在小塔的基礎上建立一座十一公尺高的大銀塔。這座大銀塔就成了塔爾寺名稱的由來。

明嘉靖三十九年（一五六〇），仁欽宗哲堅參在塔前建一座小寺，取名爲「古本嘉巴林」。萬曆五年（一五七七），他又建立一座彌勒殿。萬曆十一年，第三世達賴福海，因蒙古王之迎請，途經該地時，命寺院主持人宗哲堅參桑布和施主們擴充寺院。寺院僧人各建住所，並於每年正月建祈願供養法會。

塔爾寺傳承數代之後，又建講經院、密教院、醫學院和天文院，遂成四大院的大叢林。

(2)慈氏洲寺

第四世達賴功德海，曾派不空法海，於阿多境內興建慈氏洲寺，立講經會，弘揚顯教法義。後又由妙音笑金剛於該寺設立密宗院。慈氏洲寺因而成為一座顯密兼備的大寺。章嘉活佛以及土官呼圖克圖等清朝國師，都出於此寺。

慈氏洲寺第十代住持，名叫義成海，更建「覩史陀正法洲」大叢林，寺亦分四院。此寺人才海湧，所屬的子院也非常多。

(3)拉卜楞寺

妙音笑金剛因受黃河南親王之請，於甘肅夏河縣興建拉卜楞寺。寺分顯教、密教、時輪、醫學等四院，廣弘大師之顯密無垢正法。妙音笑金剛圓寂後，弟子語自在吉祥繼紹法位，後又歸付於妙音笑金剛第二世寶無畏王。從此以後，拉卜楞寺代代都以妙音笑金剛歷代轉世為寺主。

拉卜楞寺所出法門龍象，超出其他各寺好幾倍，所屬的子院，共有一百多座。如今於阿多境內，不論講經修行或弘法事業，均首屈一指，無與倫比。

元明兩代，阿多境內尚有薩迦派、噶舉派之寺院，清代時則通通轉成黃教。阿多寺院之盛，無論那方面都不下於拉薩。尤其拉卜楞寺，經板具全，更有許多大德之論著，是學習顯密佛法所不可或缺的法寶。所以四川、甘肅、青海、蒙古等地區修學佛法的人，紛紛到阿多學法，其熱烈之盛況，儼然與前藏三大寺無異。

(九) 黃教徧布全世界

宗喀巴大師之顯密教法最極殊勝，因此至為難遇。清朝乾隆時，有一位蒙古人叩問第五世班禪喇嘛，請喇嘛指點他下輩子（來生）是否能生在人道中。班禪喇嘛回答說：

「下一世你生在人道中沒問題。」

蒙古人又請問說：

「我能不能生在有佛法的地方?」

喇嘛回答說：

「可以。」

蒙古人接着又問說：

「我能不能遇上宗喀巴大師的教法。」

班禪喇嘛沉吟了一下，回答說：

「這就相當不容易了。因爲大師的教法是整個佛法的心要，見解、修法、行持三方面都異常殊勝。也就是說，見解不墮有無二邊；修法不昏沉掉舉等；行持又能圓滿大小顯密。因此即使能遇上佛法的人，也未必能遇上宗喀巴大師的教法。」

大師的教法有如此殊勝，然而有許多未深明顯密佛法的人，却誤以爲格魯巴（黃教）教派最大的特點，唯獨辯論、精研經論和嚴持戒律而已。殊不知大師係文殊菩薩所化現，他爲了住持正法，饒益衆生，在求學時卽徧學一切顯密教法；後又經文殊菩薩親自指導，將當時西藏各個教派所傳的密法，加以妥善的整理，淘汰錯誤部分，而把各派精華融於一體，編成有系統、有次第的純正密法。此外，更於各地大道場中，成立密宗院，以作爲傳授密宗大法的場所，六百多年來，代代如是。所以格魯巴（黃教）所承傳下來的顯密教法，是全世界最正確的佛法，此乃擧世皆知的事實。

由於大師的密法傳承最正確，因此西藏、蒙古等各地，有很多寧瑪巴（紅教）、噶擧巴（白教）、薩迦巴（花教）等舊寺，紛紛自動改奉黃教，成爲弘揚宗喀巴大師教法的道場。同時更有許多各派大喇嘛，也因崇奉大師的顯密教法，而重新改學黃教。

宗喀巴大師之無垢教法，由於歷代弟子的努力弘傳，漸次由西藏，而西康、甘肅、青海、內外蒙古、中國各省、印度、尼泊爾、不丹、美國、臺灣等，徧滿全世界各個角落。如今格魯巴（黃教）弘傳之盛況，有如麗日中天，光耀奪目。這種朝氣蓬勃之廣大事業，乃是宗喀巴大師偉大悲願之所感召的啊！

讚曰：「黃敎世稱正法藏，弘揚顯密聖尊揚；
傳承弟子恒今古，信受奉行徧十方。」

二十、廣弘密法　建密教院

（一）後藏弘法

羅追僧格（慧獅子）法王，蒙大師授予弘傳密法之講軌和記莂後，隨卽携帶根敦主巴前往後藏。

師徒兩人到達後藏時，有一位持戒非常有名的善知識，名叫慧密，前來依止他們學習顯密教法。其他無量善知識，則從羅追僧格法王學習密法，從根敦主巴學習顯教，慧密爲副講。法會越來越盛，聽衆之多，勝於一時。善財法王曾讚嘆說：

「我年幼時，在日庫地方，見羅追僧格法王、一切智法王（指根敦主巴）和持律法王（指慧密），爲無量徒衆講經說法。其法會之勝況，宛如釋迦牟尼佛靈山盛會重現於世耳。」

（二）應大師授記

正當法會日益興盛之時，羅追僧格法王忽然想到：

「我昔日在宗喀巴大師座前，允諾弘揚密部，現在正是時候了！」

於是他一面弘傳集密，一面漸次遊歷後藏各地。

有一天，羅追僧格法王行至倫薄頂山的一座寺院（寺名倫薄頂寺），住持聖光功德，立即率諸眷屬在法王座前請受法義。聖光功德著有炬明（月稱集密釋）之釋，極力弘傳集密大法。法王知道他是宗喀巴大師所授記的「大威德瑜伽行者」，因此在倫薄頂寺，建立大師之修壇城法，和講集密的儀軌。並將大師所送的閻羅法王面具、骨杖、繩索存留該寺，永作紀念。

羅追僧格法王師徒，又漸次行至獅子頂山的獅子頂寺。當時有一位官家夫人，作大施主，協助法王於獅子頂寺弘揚密部，創設密部講說和壇城儀軌。這位官家夫人不是別人，正是大師所授記之「藥叉女」也。

(三) 牛死地馬跳

羅追僧格法王住獅子頂寺時，曾詳細觀察未來之種種因緣，知道弟子都拏瓦堪弘密法，並且弘法之時機已經成熟。

有一天，法王跟幾位弟子在一塊飲茶。坐在法王右邊的是根敦主巴，根敦主巴的右邊是都噶瓦，法王的左邊是都拏瓦。當時，法王問都拏瓦說：

「都拏瓦！你在十二生肖中，屬那生肖？」

都拏瓦回答說：

「屬馬。」

法王笑着說：

「緣起很好。俗語說『牛死地馬跳』，牙喜（義譯為牛死）地區的衆生跟你有緣，你應立刻前往彼地，弘揚密法。」

法王說完，拿出大師的衣帽送給他。都拏瓦不敢接受，啓白說：

「這些東西，理應根敦主巴所得。請上師慈悲，就送給我大師之集密釋吧！」

法王依他所請，送給他幾部大師所著之集密釋等書。都拏瓦接受後，遂遵照法王所囑咐，前往牙喜弘傳密法。

(四) 摯法待主

都拏瓦手捧大師所著之集密釋等書，前往牙喜，在覩史宮寺建立密教院，廣弘密法。這是上後藏地方（後藏分上、中、下三處），創設大師密教院的開始。

密教院所講授的密法，最主要的是大師之集密四疏合解二註，和都拏瓦之金剛道輯等法義。除此之外，又講授八大教授，謂「集密五次第」、「勝樂輪羅鈴二派」、「大威德四次第瑜伽」、「時輪六加行」、「大輪金剛手四加持」、「那若六法」、「頗瓦開金門法」、「歡喜金剛」。後來放置「大輪」和「頗瓦」，只講其他六種教授。其他小教授有三種「主具瑪法」，和「幻輪法」、「護摩法」、「嘛哈嘎拉朶勤法」、「大白傘蓋佛母」等四種退敵大法。餘尙傳授「集密」、「勝樂」、「大威德」等二種次第，和「菩提道次第廣論」等一切顯密教授。

密教院自都拏瓦傳給妙音衆增，一直到寶增上，住持歷經二十一代，直接傳承九代，代代都是證得生起、圓滿兩種次第功德的大善知識。

寶增上在老年時，有梅語自在慧，和霞魯寺之住持妙音持教，前來座前受學法義。然而有關「集密」灌頂、講傳之最扼要部分，仍然未傳授給他們。

至八十歲時，有妙音笑金剛；八十一歲時，有章嘉第一代語自在賢慧具稱，和塘薩巴成就海等人，自前藏來此學習密法。這時，寶增上才見到眞正的密乘上上根器，由於獅乳和寶瓶授受相當，遂將集密等一切最扼要的教授，盡傳給三人。

寶增上傳法願滿，不久就圓寂了。過去他持壽不去的原因，只爲擊法以待主。這種情形，就像戒賢論師之久待玄奘三藏法師求法一樣。

(五) 上下密教院

羅追僧格法王，命都拏瓦前往牙喜弘揚密法後，就返回前藏東部，創立下密教院（上、下是指方位而言），弘揚集密大法和八大教授等密法。

下密教院之法位，後來傳給施祥仁波切。施祥仁波切著有「集密經釋」，努力弘揚不輟。當時寺內住一位善知識，名叫貢噶頓珠，他曾親炙羅追僧格法王學習密法，後又依施祥仁波切受學經釋和教授。施祥仁波切圓寂後，他取嘛哈嘎拉聖像一幅、頂骨一具，前往前藏之西部弘法。

當貢噶頓珠師徒增至三十二人時，他認爲這個數字，和集密壇城中的本尊數目相等，是弘揚集密的瑞兆，遂開講集密等法，而逐漸繁盛成上密教院。貢噶頓珠住持該院十三年，盡力弘揚密法，所出人才甚多。

上下密教院的僧人，生活非常嚴格，十分注重苦修。他們每天要上四堂課，第一堂課半夜兩點就開始了。無論寒暑，都必須坐在鵝卵石舖設的固定座位上修持，而且一律赤足，其生活之艱苦由此可見一斑。上下密教院是全西藏修學密法最完善、最高級的地方，只有在三大寺完成顯教學業的人，才有資格進入學習。黃教法王之嘎登墀巴，每次都由上下密教院產生。

後來西藏等各地，紛紛仿效上下密教院，競建弘揚大師密法的道場。因而大師所著集密之講軌，遂逐漸流遍於十方矣！

讚曰：「悲藏智王勇主尊，廣弘完整聖修門；
振興密院嚴傳授，大法繼承成就根。」

二十一、結論回向　吉祥圓滿

宗喀巴大師所建立的格魯巴——密宗黃教，其最大的特色，就是嚴守清淨比丘戒律，切實履行菩薩學處和密宗三昧耶戒。如是以戒為基礎，然後才依先顯後密，以有條理有次第的修學。並力倡應成派中觀見與金剛密乘融合之說。大師這種顯密合一的無垢教法，其根本意趣，正符合當初蓮花生大士所傳密法的本意。所以，凡是修學密宗的人，都應該先學顯教，明白經論教理，完成出離心、菩提心、正見等修學密宗的基礎。如此修學密法，才能得到卽身成就。

十方諸佛及佛子，妙智深悲勝神力，總集一體宗喀巴，足塵願常飾我髻。
山彼解脫功德海，採出如意摩尼珠，偏逐三界無明暗，如來性身亦堪覩。
師德光滿徧十方，猶如炎帝慣赫暑，逆梟鼠蝙非所堪，暗生怨謗爲法爾。
若諸和柔具觀慧，希求德香如蜂孰，美稱勞馥動鼻根，意識不醉誰能至。
詠詩詞賦未追求，念慧微劣精進腐，文誤義乖爲我失，願施加持不成覆。
乘此微小諸善根，普利見聞諸含識，生生不離大師足，慈悲攝受生歡喜。
師喜面輪現微笑，任運流出妙風雨，潤諸信種發德芽，資糧葉茂證華敷。

華敷普召諸有情，聚依三身園生樹，所求充滿永無退，速證無上微妙智。

讚曰：「我今以此勝功因，回向眾生學聖人；
圓滿廣修弘顯密，同成證得彩虹身。」

宗喀巴大師應化因緣集（終）

吉祥圓滿

國家圖書館出版品預行編目資料

宗喀巴大師應化因緣集 / 修慧法師編述. -- 1 版. --
新北市：華夏出版有限公司, 2022.10
面； 公分. -- （Sunny 文庫；241）
ISBN 978-626-7134-24-5（平裝）
1.CST：宗喀巴 2.CST：藏傳佛教 3.CST：佛教傳記

226.969 111008350

Sunny 文庫 241
宗喀巴大師應化因緣集

編　述　修慧法師
印　刷　百通科技股份有限公司
電話：02-86926066 傳真：02-86926016
出　版　華夏出版有限公司
220 新北市板橋區縣民大道 3 段 93 巷 30 弄 25 號 1 樓
電話：02-32343788 傳真：02-22234544
E-mail： pftwsdom@ms7.hinet.net
總 經 銷　貿騰發賣股份有限公司
新北市 235 中和區立德街 136 號 6 樓
電話：02-82275988 傳真：02-82275989
網址：www.namode.com
版　次　2022 年 10 月 1 版
特　價　新台幣 350 元 (缺頁或破損的書，請寄回更換)

ISBN： 978-626-7134-24-5

《宗喀巴大師應化因緣集》 由佛教出版社同意華夏出版有限公司出版